Mona Dechant, Karl-Walter Kohrs,
Joachim Weyers

Bergedorfer® Grundschulpraxis

Sachunterricht

1/2. Klasse

Natur und Leben

Persen Verlag

Gedruckt auf umweltbewusst gefertigtem, chlorfrei gebleichtem
und alterungsbeständigem Papier.

1. Auflage 2004

7. Auflage 2014

Illustrationen: Elisabeth Lottermoser
Gesamtherstellung: Ludwig Auer GmbH, Donauwört
Überarbeitung: MouseDesign Medien AG, Zeven

ISBN 978-3-8344-**3940**-6

www.persen.de

Inhaltsverzeichnis

Inhaltsverzeichnis

Inhaltsverzeichnis

Vorwort

In der heutigen Technologiegesellschaft gewinnt die aktuelle Diskussion über den durch viele Teildisziplinen beeinflussten Sachunterricht zunehmend an Bedeutung.

Neben der Forderung nach einer stärkeren Akzentuierung im naturwissenschaftlich-technischen Bereich wird die Diskussion auch um das Erlernen von Methoden und Verfahren intensiv geführt.

Kenntnisse, Fähigkeiten und Fertigkeiten sowie Einstellungen und Haltungen sollen in gleicher Weise vermittelt, geweckt und angebahnt werden. Am Ende des Lernprozesses sollen verbindliche Anforderungen erfüllt sein.

Die Inhalte dieser Reihe wollen diesen Tendenzen Rechnung tragen.

Die Zusammenstellung der insgesamt 10 Bände orientiert sich an den Aufgabenschwerpunkten, wobei je 5 Bände für das 1./2. Schuljahr und für das 3./4. Schuljahr konzipiert wurden. Ein ganzheitliches Vorgehen und die Verknüpfung von Inhalten aus den Einzelbänden ist möglich und wünschenswert (z. B. Verkehrserziehung – geografischer Bezug, Pflanzen – Schulumgebung, Wasser – Umwelt, …). Alle Bände bieten eine Fülle von Materialien, Vorschlägen, Möglichkeiten und Beispielen für die Unterrichtsgestaltung, die sich auch fächerübergreifend und -verbindend einsetzen lassen. Sie stellen ein Angebot dar, aus dem Sie nach Bedarf zur Gestaltung Ihres Unterrichts auswählen können. So gibt es Seiten, die zum Einstieg in ein neues Thema besonders geeignet sind. Andere bieten weiterführende Aufgaben, Informationen und Zusammenfassungen. Natürlich werden auch Seiten angeboten, mit denen das erworbene Wissen überprüft und der Methodeneinsatz reflektiert werden kann. Zugleich bieten die Arbeitsblätter vielfältige Möglichkeiten zur inhaltlichen und methodischen Differenzierung. Sie lassen sich in die Gegebenheiten des Schulumfeldes und des Schulprogramms einfügen und sind auch besonders für eine offene Unterrichtsgestaltung mit einem hohen Maß an Eigentätigkeit der Schülerinnen und Schüler (Freiarbeit, Stationenlernen, Projektarbeit und Lernwerkstatt) geeignet.

Grundsätzlich sind nur solche Materialien aufgenommen worden, die im Rahmen der schulischen Vorgaben zu realisieren sind. Dabei ist möglich, sie komplett einzusetzen, nach Bedarf auszuwählen und zu erweitern. So werden Sie sicher nicht alles für alle einsetzen, sondern für alle alles, was sie brauchen. Die Arbeitsangebote enthalten sowohl ein Fundamentum als auch ein Additivum und sind jederzeit durch zusätzliche Informationsquellen ergänzbar.

Einen besonderen Schwerpunkt nehmen die Angebote und Anregungen zum Experimentieren ein. Hier war dem Autorenteam eine einheitliche Gestaltung der Arbeitsblätter besonders wichtig. Mit den Punkten Frage/Problemstellung, Vermutung, Material, Durchführung, Beobachtung, Vergleich und Begründung soll das Erlernen des Prozesses erleichtert und dem Prinzip der Wissenschaftsorientierung Rechnung getragen werden. Der Aufbau dieser Arbeitsblätter kann als Vorlage für weitere Versuche dienen. Natürlich war es im Rahmen dieses Werkes nur möglich, grundlegende Fragestellungen durch Experimente zu repräsentieren. Es wird sich als notwendig erweisen, diese durch spezifische Problem- und Fragestellungen der Lerngruppe zu ergänzen.

Durch die Aufgabenstellungen mit unterschiedlichen Arbeitstechniken und Arbeitsverfahren soll die Methodenkompetenz der Kinder grundgelegt und erweitert werden. Sie orientieren sich an den Maßstäben eines handlungsorientierten und entdeckenden Unterrichts.

Von den Schülerinnen und Schülern als besonders gelungen betrachtete Arbeiten können in eine Portfolio-Mappe aufgenommen werden, um so als Lernwegbeschreibung, als Dokumentation der Lerninhalte und Lernwege sowie als Aspekt der Leistungsbewertung fungieren zu können.

Bewusst haben wir neben der Seitenzahl und dem Symbol für das Oberthema auf eine besondere Kennzeichnung der einzelnen Seiten verzichtet. Die freien Felder in der Kopfzeile bieten die Möglichkeit, eigene Ordnungsstrukturen einzusetzen oder Hinweise auf die Sozialform oder Schwierigkeitsstufe zu geben.

Jedem Kapitel sind Hinweise zur Didaktik und Methode vorangestellt, die Auskunft geben über eine mögliche Funktion der einzelnen Seiten, ihre Aufgabenstellung und Zielsetzung.

Viel Freude bei der Arbeit mit den Materialien dieses Werkes wünschen

Mona Dechant

Karl-Walter Kohrs

Joachim Weyers

1 Gegenstände und Werkstoffe

Überlegungen und Anregungen zur Didaktik und Methode:

Alltagsgegenstände aus verschiedenen Werkstoffen sammeln, vergleichen und ordnen

Tragfähige Grundlagen *Die Kinder …*			**Bemerkungen**
Kenntnisse	**Fertigkeiten/ Fähigkeiten**	**Einstellungen/ Haltungen**	
Die Dinge und ihr Material			**S. 10**
● erfahren, dass alle Gegenstände aus einem bestimmten Material sind. ● wissen, dass man dieses Material auch Werkstoff oder Stoff nennt.	● erproben verschiedene Möglichkeiten des Sammelns von Informationen.	● gewinnen Interesse an den verschiedenen Werkstoffen.	● Zum Einstieg wird ein Ausstellungstisch mit vielen Gegenständen organisiert. Die Kinder bekommen den Auftrag, die Dinge zu ordnen. Das Arbeitsblatt kann den Vorgang aufgreifen.
Woraus sind meine Spielsachen?			**S. 11**
● erkunden, aus welchem Material Spielsachen sind. ● erfahren, dass bestimmtes Material für Spielsachen besonders geeignet ist.	● sammeln und untersuchen Objekte aus der eigenen Umwelt.	● erfahren, dass das Material für Spielsachen bestimmte Kriterien erfüllen muss.	Eine erneute Sammlung von Gegenständen aus einem bestimmten Bereich wird geordnet. Es können auch andere Bereiche untersucht werden: ● Material in unserer Küche ● das Material an meinem Fahrrad ● das Material an einem Auto
Es gibt noch anderes Material			**S. 12**
● erfahren, dass es noch viele andere Stoffe gibt. ● erkennen, das man zwischen natürlichen und künstlichen Stoffen unterscheiden muss.	● nehmen Werkstoffe bewusst wahr, beschreiben und unterscheiden sie.	● entwickeln eine Fragehaltung gegenüber Werkstoffen.	Man kann mit einem Brainstorming noch viele andere Werkstoffe suchen lassen. Es bleibt den Kindern überlassen, diese Werkstoffe zu erkunden (siehe Material-Karte).
Flüssige Stoffe			**S. 13**
● wissen, dass es auch flüssige Stoffe gibt.	● nehmen flüssige Stoffe bewusst wahr, unterscheiden und beschreiben sie.	● werden für Fragen der Nutzung dieser Werkstoffe sensibilisiert.	Eine Ausstellung von flüssigen Stoffen machen und über den Gebrauch flüssiger Stoffe sprechen.
Wie die Stoffe sind			**S. 14**
● erfahren, dass jeder Stoff bestimmte Eigenschaften hat. ● erfahren, dass man nicht alles mit jedem Stoff machen kann.	● untersuchen Stoffe und halten die Ergebnisse fest.	● werden zum verantwortungsvollen Umgang mit den Stoffen angeregt.	Zu diesem Arbeitsblatt sollen die Kinder erst einmal ihre eigenen Erfahrungen einbringen, Stoffe nach Eigenschaften ordnen. Es sollte auch möglich sein, bestimmte Eigenschaften zu überprüfen.

Tragfähige Grundlagen *Die Kinder …*			Bemerkungen
Kenntnisse	**Fertigkeiten / Fähigkeiten**	**Einstellungen / Haltungen**	
Papier, Papier S. 15 **Durchsichtig wie Glas** S. 16 **Warum ist der Hammer aus Metall?** S. 17 **Kunststoff / Plastik überall** S. 18 **Holz gab es schon immer** S. 19 **Stoff nicht nur zum Anziehen** S. 20 **Alles aus Kunststoff / Plastik** S. 21 **Papier statt Stoff** S. 22			
• bringen möglichst viel über einen Werkstoff in Erfahrung. • wissen, woher dieser Stoff kommt. • bringen etwas über seine Geschichte in Erfahrung. • erkunden seine Eigenschaften. • wissen, wo dieser Werkstoff gebraucht wird. • begründen, warum der Werkstoff so gebraucht wird. • erfahren, dass manche Stoffe durch andere ersetzt werden können.	• legen eine Sammlung zu einem Stoff an. • beschreiben die Eigenschaften des Stoffes. • untersuchen den Stoff sachgerecht. • gehen der Entwicklung dieses Stoffes nach. • erkunden die Geschichte dieses Stoffes. • suchen Informationsquellen und werten sie aus. • dokumentieren und präsentieren Ergebnisse.	• das Interesse an den verschiedenen Werkstoffen wird geweckt. • die Zusammenarbeit in der Gruppe wird gepflegt. • lernen, die Verantwortung für eine Aufgabe zu übernehmen. • lernen, einen Ausstellungstisch zu bestücken und zu gestalten.	Es bietet sich an, die Arbeitsblätter mit ihren Aufgaben in die arbeitsteilige Gruppenarbeit zu geben. Die Kinder können zu ihrem Material einen Ausstellungstisch machen. Das Arbeitsblatt kann vergrößert als Wandzeitung gestaltet werden.
Materialkarte S. 23			
• erkunden einen einzelnen Stoff und legen Materialkarten an. • erfahren dabei möglichst viel über diesen Stoff.	• nehmen einen Werkstoff bewusst wahr, beschreiben, unterscheiden und untersuchen ihn.	• beschreiben einen Werkstoff und seine Eigenschaften kurz und knapp.	Bei einem arbeitsteiligen Vorgehen können viele Karten erstellt werden. Es empfiehlt sich, die Karten zu sammeln und im Laufe der Zeit zu ergänzen. Den Kindern könnte so gezeigt werden, wie vernetzt die Themen im Sachunterricht sind.
Was hast du über die Werkstoffe gelernt? S. 24			
• beantworten die Fragen.	• wenden das eigene Wissen an und geben es wieder.	• legen über den eigenen Lernfortschritt Rechenschaft ab.	Dieser Test sollte von jedem Kind allein bearbeitet werden. Bei der Beantwortung der Fragen geht es nicht nur um ein einfaches Abfragen des Gelernten. Die Kinder sollen zum Nachdenken angeregt werden und ihr gesamtes Wissen aktivieren.

Name	Datum			

Die Dinge und ihr Material

Das Material, aus dem die Gegenstände sind, nennt man auch Stoff.

Eisen	Holz	Glas	Papier	Kunststoff / Plastik	Stoff (Jeans, Baumwolle, Wolle ...)
①	②	③	④	⑤	⑥

❖ Ordne die richtige Zahl den Gegenständen zu und trage sie in den Kreis ein!

Name	Datum			

Woraus sind meine Spielsachen?

Bringe Spielsachen von zu Hause mit! Ordnet sie gemeinsam nach dem Material, aus dem sie hergestellt sind!

Kunststoff / Plastik	Glas
Holz	**Stoff**
Eisen	**Papier**

- ❖ Überlege aus welchem Material die Spielsachen auf dem Bild sind!
  Kreise den Gegenstand ein und mache jeweils einen Strich in der Tabelle!
- ❖ Warum gibt es so viele Spielsachen aus Plastik?
- ❖ Warum gibt es nur wenige Spielsachen aus Glas oder Papier?

Name	Datum			

Es gibt noch anderes Material

Stein

Was wird aus Stein hergestellt?

Häuser,

Keramik/Porzellan

Was wird aus Keramik/Porzellan hergestellt?

Gummi

Was wird aus Gummi hergestellt?

Leder

Was wird aus Leder hergestellt?

❖ Schreibe auf, was aus diesen Materialien gemacht wird!

Name	Datum			

Flüssige Stoffe

Diese Wörter können dir helfen:
abwaschen, baden, fahren, gießen, mischen, mixen, reinigen, spülen, tanken, trinken, waschen …

❖ Schreibe auf, wo und wozu diese Stoffe benötigt werden!

Name	Datum			

Wie die Stoffe sind

Papier

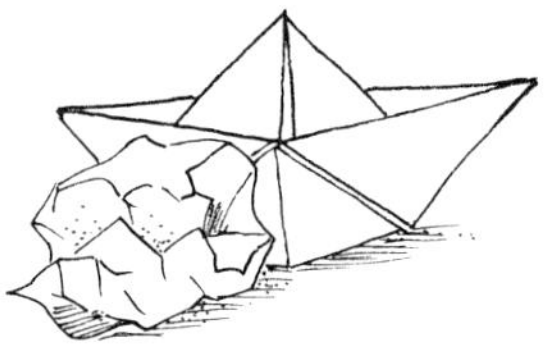

Glas

Eisen

Stoff

Holz

Kunststoff/Plastik

Diese Wörter können dir helfen:
leicht, schwer, hart, weich, kalt, warm, glatt, rau, durchsichtig, undurchsichtig, zerbrechlich, unzerbrechlich, haltbar, nicht haltbar, matt, glänzend, farbig, weiß, dick, dünn, fest, locker, beweglich, unbeweglich, schwimmt, schwimmt nicht, brennt, brennt nicht

❖ Versuche herauszufinden, welche Eigenschaften die Stoffe haben und was man mit ihnen machen kann!

Name	Datum			

Papier, Papier

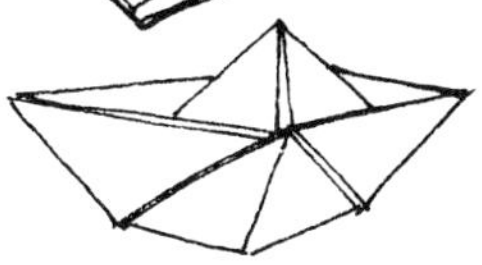
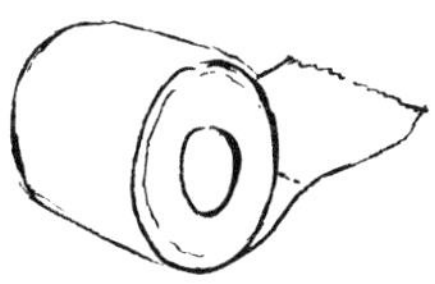

Früher war Papier sehr kostbar. Es diente eigentlich nur zum Beschreiben. Im alten Ägypten gab es die Papyrusrolle. Sie wurde aus den Fasern der Papyrusstaude hergestellt.
Bei uns wurde Papier aus alten Lumpen gemacht. Heute wird Papier vor allem aus Holz hergestellt.

Eigenschaften des Papiers:

weich, ____________________

____

____

____

____

Welche Papiersorten kennst du?

Schreibpapier,

____

____

____

____

____

____

____

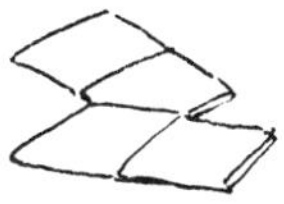

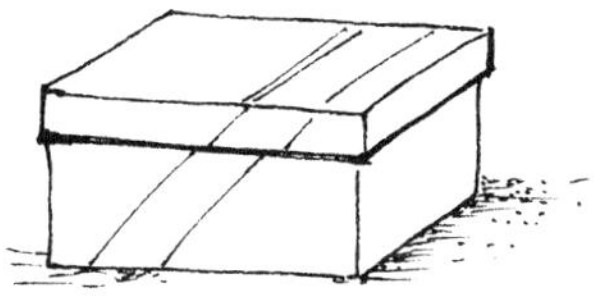

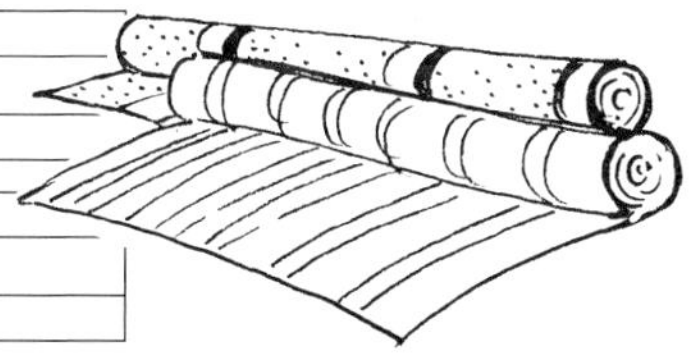
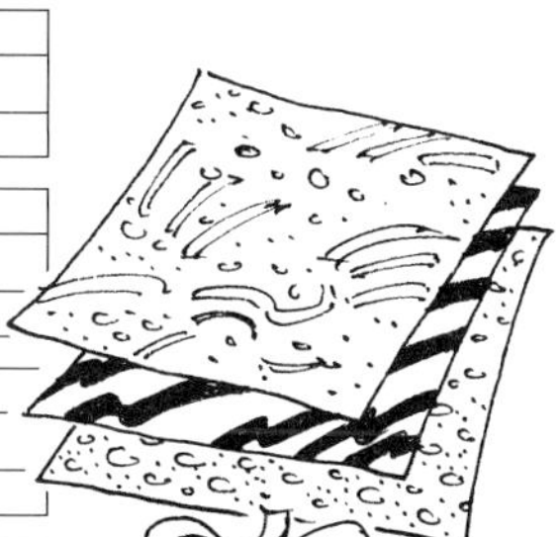

❖ Schreibe auf, welche Eigenschaften Papier hat!
❖ Schreibe auf, welche Papiersorten du kennst!

Name	Datum			

Durchsichtig wie Glas

Es hat lange gedauert, bis die Menschen bei uns Glas herstellen konnten. Glas war sehr kostbar. Nur sehr reiche Leute konnten sich Glasfenster erlauben. Heute hat jeder Fenster aus Glas. Es gibt aber noch viele andere Dinge, die aus Glas hergestellt werden.

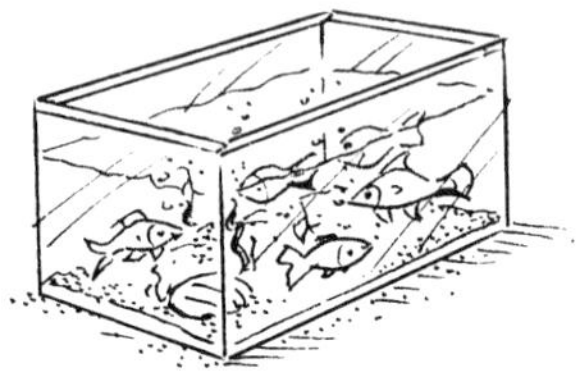

Welche Eigenschaften hat Glas?

hart,

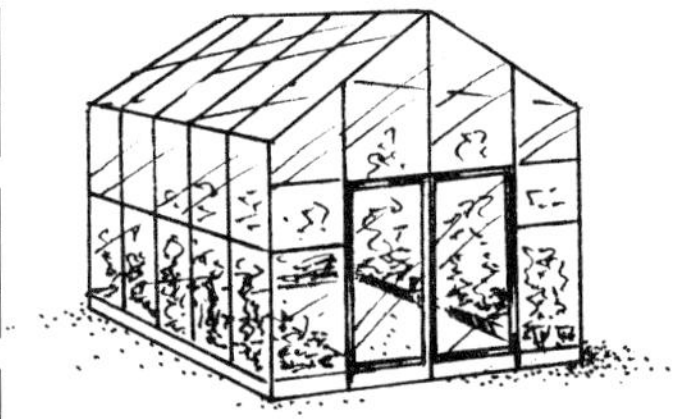

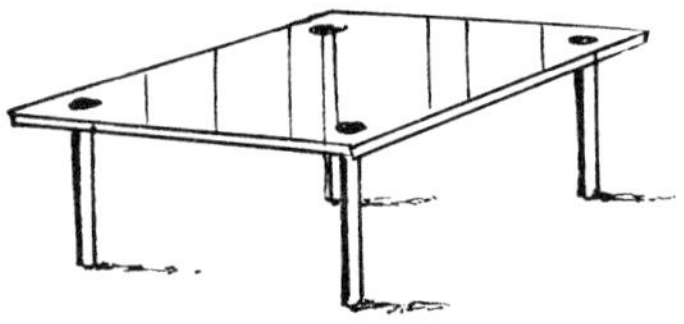

Was ist alles aus Glas?

Glühlampen,

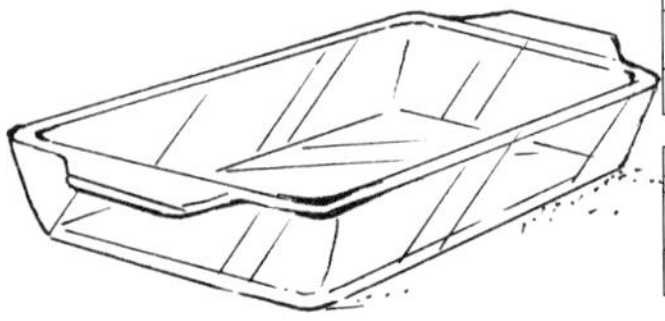

- ❖ Schreibe auf, welche Eigenschaften Glas hat!
- ❖ Schreibe auf, welche Gegenstände aus Glas sind!
- ❖ Zeichne einen Gegenstand aus Glas!

Name	Datum			

Warum ist der Hammer aus Metall?

Eisen ist ein Metall. Schon früh haben die Menschen Eisenerze aus der Erde geholt, geschmolzen und Eisen daraus gemacht. Anfangs wurden aus Eisen fast nur Waffen geschmiedet.
Es gibt noch andere Metalle:
Kupfer, Blei, Aluminium, …
Heute besteht vieles aus Metall.

Welche Eigenschaften haben Metalle?

schwer,

Was ist alles aus Metall?

Bratpfanne,

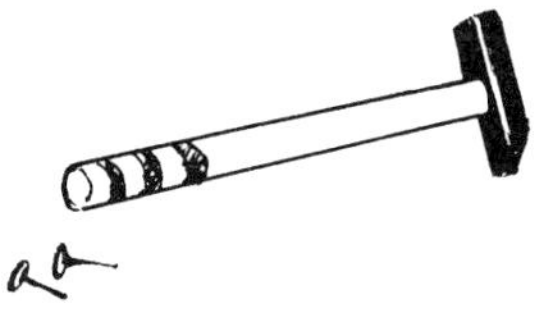

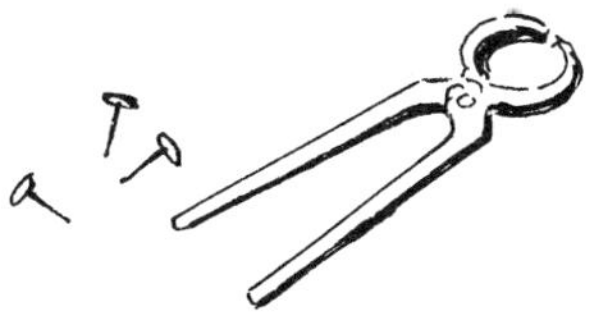

❖ Schreibe auf, welche Eigenschaften Metall hat!
❖ Schreibe auf, welche Gegenstände aus Metall sind!
❖ Zeichne zwei Gegenstände aus Metall!

Name	Datum			

Kunststoff / Plastik überall

Erst in unserer Zeit ist es gelungen, Kunststoff herzustellen.
Er wird aus Rohöl gewonnen.
Es gibt viele Arten von Kunststoff.
Kunststoff hat einige Vorteile.
Darum werden viele Dinge aus Kunststoff hergestellt.
Für die Entsorgung aber ist Kunststoff ein großes Problem.

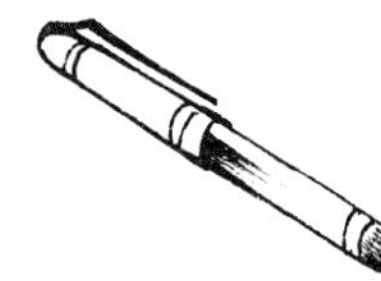

Welche Eigenschaften hat Kunststoff?

leicht, ______________________

____

____

____

____

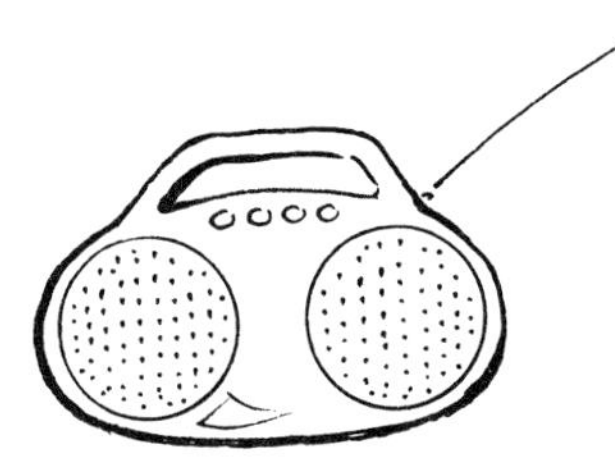

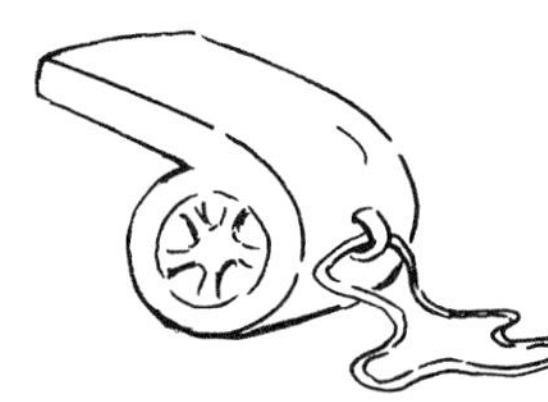

Was ist alles aus Kunststoff / Plastik?

Eimer, ______________________

____

____

____

____

____

____

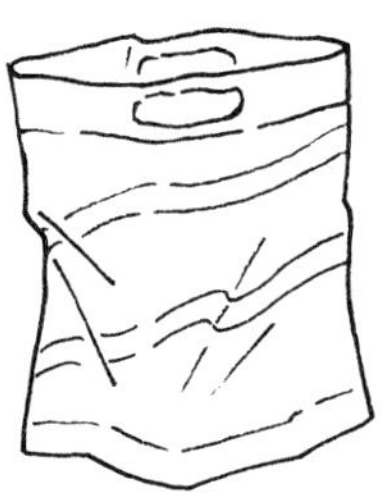

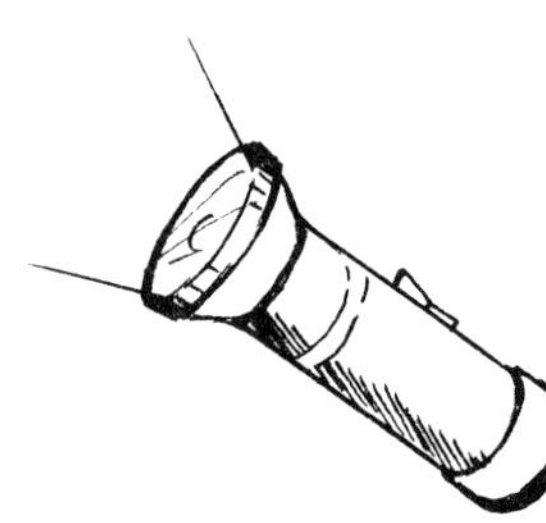

- Schreibe auf, welche Eigenschaften Kunststoff/Plastik hat!
- Schreibe auf, welche Gegenstände aus Kunststoff/Plastik sind!
- Zeichne einen Gegenstand aus Kunststoff/Plastik!

Name	Datum	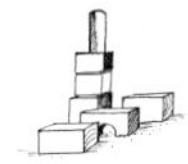		

Holz gab es schon immer

Holz ist ein Stoff, der den Menschen schon immer zur Verfügung stand. Holz wurde zunächst nur verbrannt und zum Heizen genutzt. Später verwendeten die Menschen Holz zum Hausbau und für ihre Möbel. Sie bauten Wagen und Boote aus Holz. Heute wird Holz immer noch gebraucht. Holz ist auch der Stoff aus dem Papier hergestellt wird.

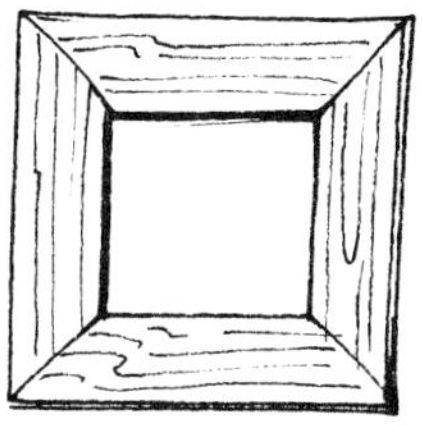

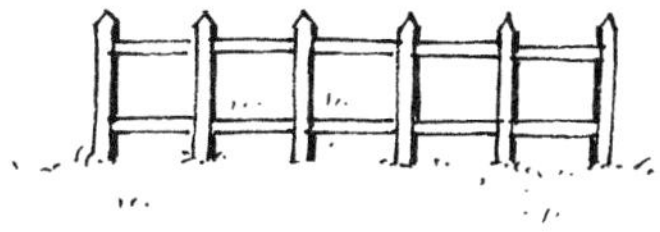

Welche Eigenschaften hat Holz?

schwimmt, ______

______

______

______

______

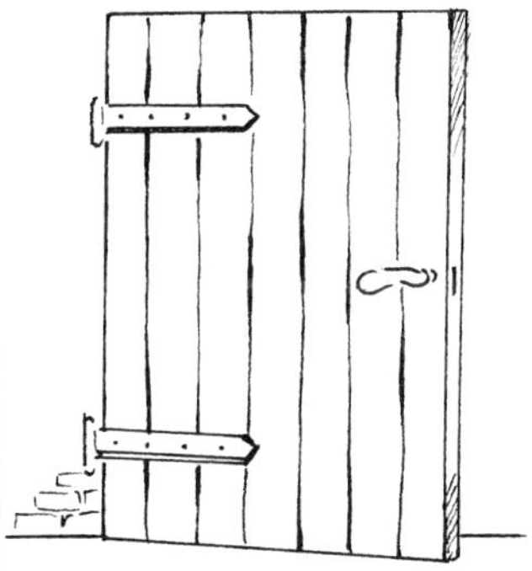

Was ist alles aus Holz?

Türen, ______

______

______

______

______

______

______

❖ Schreibe auf, welche Eigenschaften Holz hat!
❖ Schreibe auf, welche Gegenstände aus Holz sind!
❖ Zeichne zwei Gegenstände aus Holz!

Name	Datum	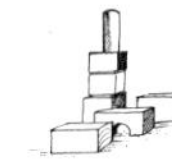		

Stoff nicht nur zum Anziehen

Irgendwann sind die Menschen darauf gekommen, die Fasern von Pflanzen und die Haare der Tiere zu verarbeiten. Sie lernten zu spinnen, zu weben und zu stricken. Heute gibt es viele Stoffarten aus Baumwolle, Schafwolle, Leinen, Seide und natürlich auch Stoffe, bei denen Kunststofffäden verarbeitet werden.

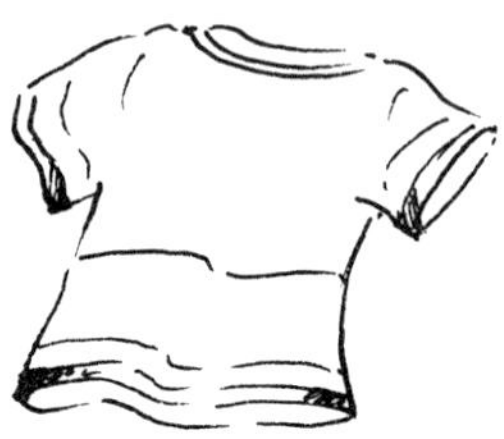

Welche Eigenschaften haben Stoffe?

weich, ______________________

____

____

____

____

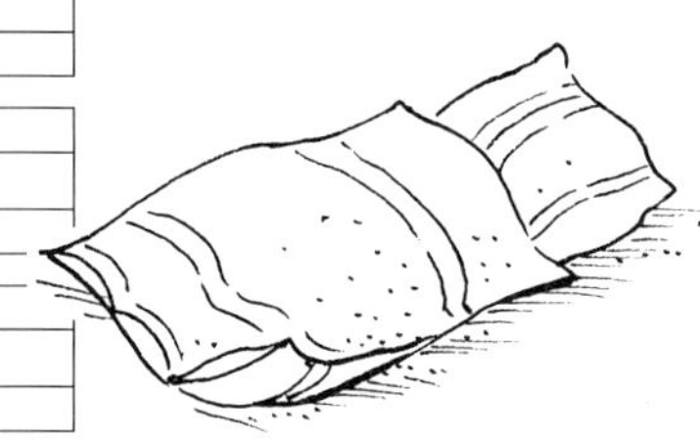

Was ist alles aus Stoff?

Jacke, ______________________

____

____

____

____

____

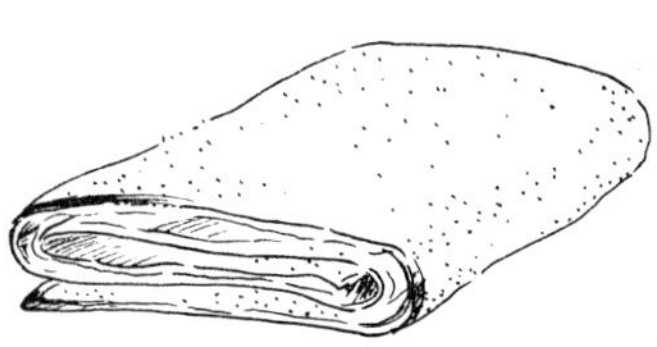

- ❖ Schreibe auf, welche Eigenschaften Stoffe haben!
- ❖ Schreibe auf, welche Gegenstände aus Stoff sind!
- ❖ Zeichne zwei Gegenstände aus Stoff!

Name	Datum			

Alles aus Kunststoff / Plastik

Kunststoff/Plastik kann Stoff, Metall, Glas, Holz und Leder ersetzen.

Gießkannen aus Kunststoff

ersetzen

Gießkannen aus Metall.

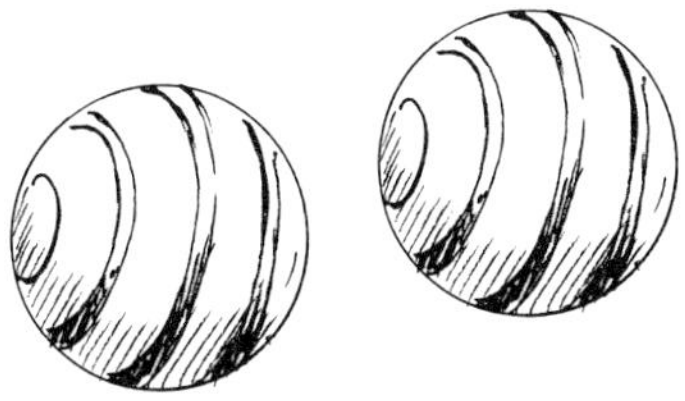

Bälle ____________________

ersetzen

____

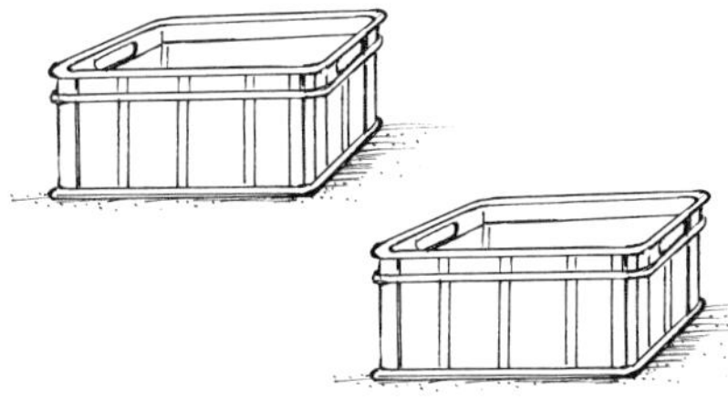

Kisten ____________________

ersetzen

____

Flaschen ____________________

ersetzen

____

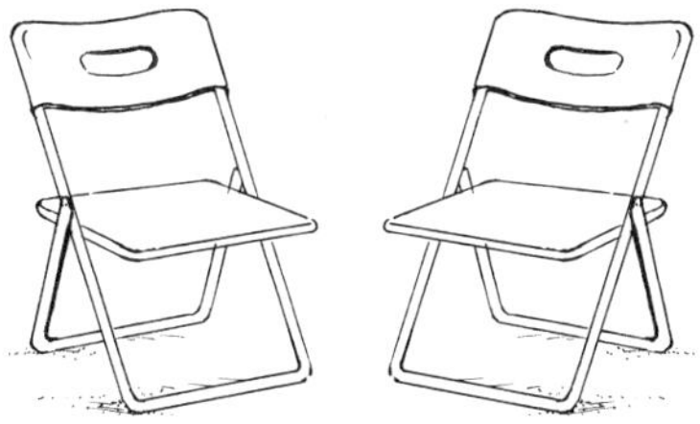

Stühle ____________________

ersetzen

____

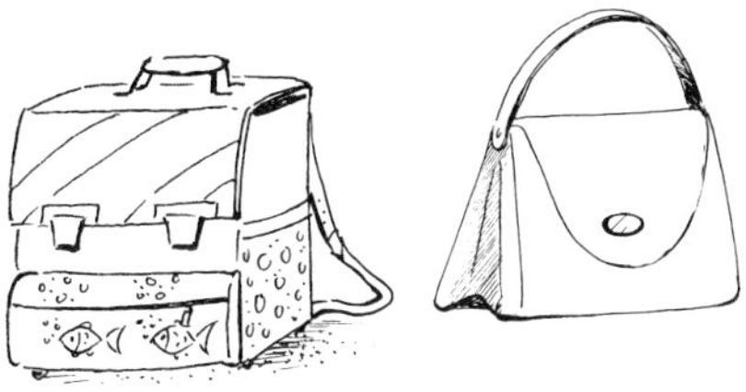

Taschen ____________________

ersetzen

____

Brillengläser ____________________

ersetzen

____

❖ Schreibe auf, welche Stoffe Kunststoff/Plastik in diesen Beispielen ersetzt!

Name	Datum			

Papier statt Stoff

Ein Werkstoff kann den anderen verdrängen. Papier ist ein Werkstoff, der oft textile Stoffe, Glas und Porzellan ersetzt.

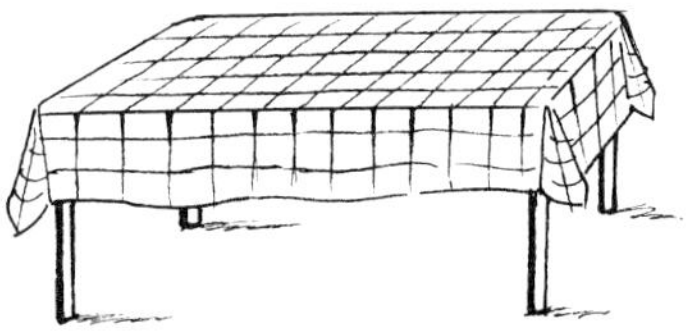

Tischdecken aus Papier

ersetzen

Tischdecken aus Stoff.

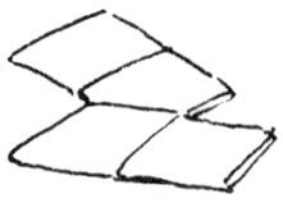

Taschentücher aus Papier

ersetzen

Teller

ersetzen

Servietten

ersetzen

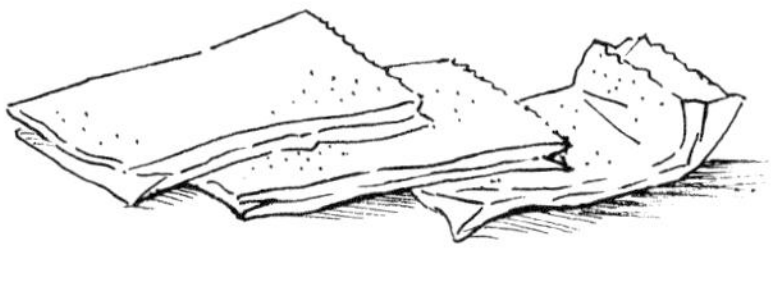

Tüten

ersetzen

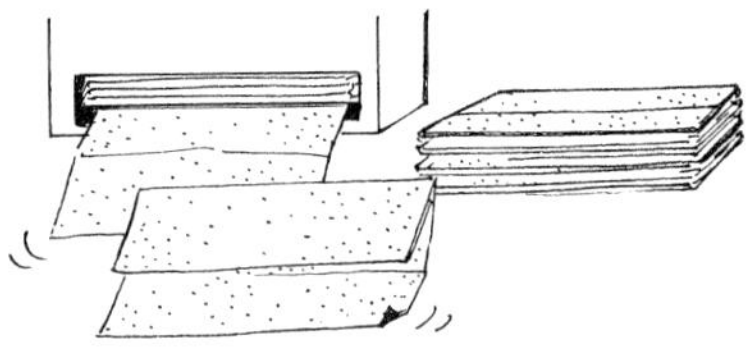

Handtücher

ersetzen

Becher

ersetzen

❖ Schreibe auf, welche Werkstoffe Papier in diesen Beispielen ersetzt!

❖ Wie findest du das Ersetzen einiger Werkstoffe durch Papier? Nenne Vor- und Nachteile!

Name	Datum			

Materialkarte

Name des Stoffes: ______________________

Woher kommt das Material?

Welche Eigenschaften hat das Material?

Was wird aus diesem Material gemacht?

❖ Legt in der Klasse eine Sammlung von Materialkarten an!

Name	Datum	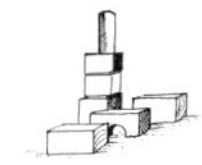		

Was hast du über die Werkstoffe gelernt?

1. Wenn wir von Werkstoff reden, meinen wir
☐ Getränke
☐ textile Stoffe
☐ Material
☐ Gestein

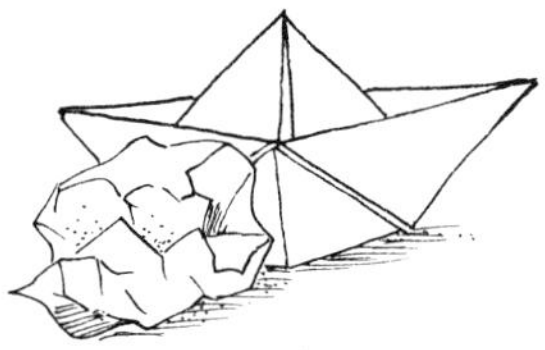

2. Aus welchen Stoffen kann ein Stuhl sein?
☐ Holz
☐ Glas
☐ Kunststoff
☐ Metall

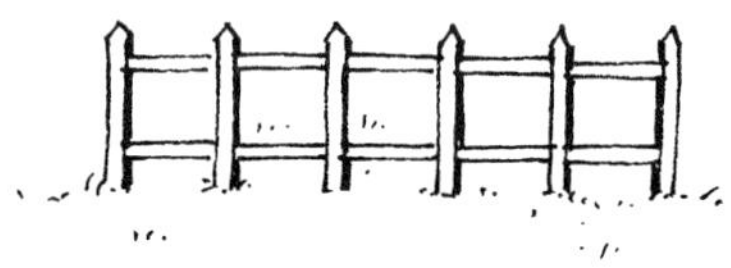

3. Aus welchen Stoffen sind die meisten Spielsachen?
☐ Glas
☐ Kunststoff
☐ Holz
☐ Stein

4. Welcher Stoff wächst in der Natur?
☐ Stein
☐ Eisen
☐ Glas
☐ Holz

5. Welche Stoffe liefern uns Tiere?
☐ Wolle
☐ Keramik
☐ Leder
☐ Gummi

6. Welche Stoffe werden aus Erz gewonnen, das wir aus der Erde holen?
☐ Eisen
☐ Glas
☐ Wasser
☐ Aluminium

7. Welcher Stoff kann von einer Pflanze oder vom Tier kommen?
☐ Zucker
☐ Wolle
☐ Leder

8. Welche Stoffe brennen leicht?
☐ Eisen
☐ Papier
☐ Keramik
☐ Holz

9. Welche Stoffe können durchsichtig sein?
☐ Holz
☐ Pappe
☐ Kunststoff
☐ Glas

10. Welche Stoffe ersetzen viele andere Stoffe?
☐ Salz
☐ Kunststoff
☐ Papier
☐ Wolle

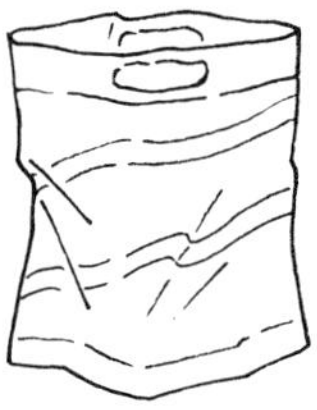

11. Welche Stoffe werden gesammelt und wieder verwertet?
☐ Kohle
☐ Kunststoff
☐ Glas
☐ Papier

12. Welche Stoffe werden aus der Erde geholt?
☐ Eisenerz
☐ Kohle
☐ Erdöl
☐ Zucker

2 Licht und Schatten

Überlegungen und Anregungen zur Didaktik und Methode:

Erfahrungen mit Licht und Schatten machen

Tragfähige Grundlagen *Die Kinder …*			**Bemerkungen**
Kenntnisse	**Fertigkeiten / Fähigkeiten**	**Einstellungen / Haltungen**	
Die Menschen und das Licht			**S. 27**
• wissen, dass die Menschen gelernt haben, Licht zu machen. • erfahren, dass wir auf Licht angewiesen sind. • erkennen, dass es viele Lichtquellen gibt.	• lernen, aus Texten Informationen zu entnehmen. • lernen, über solche Informationen zu sprechen.	• erfahren, dass Licht ein wichtiges Kulturgut der Menschheit ist.	Lesetext als Erzähl- und Sprechanlass.
Licht: Natürlich oder von den Menschen erfunden?			**S. 28**
• lernen, Lichtquellen zu unterscheiden. • wissen, dass Licht verschiedene Quellen haben kann.	• lernen Situationen einzuschätzen und auszuwerten.	• werden für die natürlichen Lichtquellen sensibilisiert.	Ausgangspunkt kann ein Ausstellungstisch mit allen möglichen Lichtquellen sein, die Kinder mitgebracht haben.
Versuche mit Licht (1) – Der Rasen unter der Pappe **Versuche mit Licht (2) – Wie im Treibhaus**			**S. 29** **S. 30**
• erkennen, dass Pflanzen ohne Licht eingehen. • erkennen, dass Pflanzen zum Wachsen Licht und Wärme brauchen.	• lernen, Versuche durchzuführen. • lernen, Ergebnisse zu sichern.	• erfahren, wie Menschen der Natur schaden und nützen können.	Zwei Langzeitversuche, die von den Kindern betreut und beobachtet werden sollen.
Tiere und Pflanzen brauchen Licht			**S. 31**
• lernen, dass der Mangel an Licht für Tiere und Pflanzen erhebliche Folgen haben kann.	• lernen, ihre eigenen Erfahrungen zu aktivieren und einzubringen.	• bekommen ein Gespür für die Bedürfnisse von Tieren und Pflanzen.	Das Arbeitsblatt dient als Gesprächsanregung, als Verknüpfung mit den Erfahrungen der Kinder und als Anregung für ähnliche Beobachtungen.
Versuche mit Licht (3) – Lässt Licht sich einsperren?			**S. 32**
• erfahren, dass Material durchsichtig, durchscheinend und undurchsichtig sein kann.	• lernen, Material zu beschaffen. • planen Versuche und führen sie durch. • legen Tabellen an.	• gewinnen Interesse an Naturphänomenen.	Wenn die Kinder daran gewöhnt sind, können die Versuche in Gruppen durchgeführt werden.
Versuche mit Licht (4) – Welche Gegenstände werfen Schatten?			**S. 33**
• erfahren, dass undurchsichtige Gegenstände einen scharfen Schatten werfen.	• lernen, Material zu beschaffen. • führen Versuche in Partnerarbeit durch. • sichern die Ergebnisse.	• vergleichen Vermutungen und Ergebnisse und werten diese aus.	Bei den Versuchen ist es angebracht, den Kindern viel Raum zu spontanen Veränderungen zu lassen.

Tragfähige Grundlagen *Die Kinder …*			**Bemerkungen**
Kenntnisse	**Fertigkeiten/ Fähigkeiten**	**Einstellungen/ Haltungen**	
Versuche mit Licht (5) – Wohin fällt der Schatten? **Versuche mit Licht (6) – Wie wächst der Schatten?**			**S. 34** **S. 35**
• erfahren, dass der Schatten immer genau der Lichtquelle gegenüber liegt. • erfahren, dass der Schatten größer und kleiner werden kann. • erfahren, dass der Schatten wandern kann.	• lernen, Versuche aufzubauen. • äußern Vermutungen. • beobachten, besprechen und begründen Ergebnisse.	• entwickeln Neugierde, dem Phänomen Licht und Schatten auf die Spur zu kommen.	Es bietet sich an, diese Versuche in Partnerarbeit durchführen zu lassen und viel Raum für kreative Veränderungen zu geben. Verbesserungsvorschläge sind immer gefragt.
Wo Licht ist, da ist auch Schatten			**S. 36**
• wenden ihre Erfahrungen über Licht und Schatten an. • erfahren, dass der Schatten ein verschobenes Bild des Gegenstandes ist.	• vollziehen das Phänomen Licht und Schatten in ihrer Umgebung nach.	• setzen sich kreativ mit dem Phänomen Licht und Schatten auseinander.	Hier kommt es zur Anwendung des in den Versuchen Gelernten. Die Aufgabe ist schwer und muss intensiv besprochen werden. Die Kinder sollten aber auch die Möglichkeit haben, mehrere Lösungen zu zeichnen. Die Lösungsversuche werden mit allen besprochen.
Eine einfache Sonnenuhr			**S. 37**
• erfahren, dass der Schatten vom Stand der Sonne abhängig ist. • wissen, wie eine Sonnenuhr funktioniert.	• betreuen verantwortlich einen Langzeitversuch. • halten die Ergebnisse fest und reflektieren sie.	• vollziehen eine einfache Anwendung eines Naturgesetzes nach.	Langzeitversuch, Anwendungs- und Gestaltungsaufgabe. Die Aufgabe sollte von wechselnden Gruppen betreut werden.
Was hast du über Licht gelernt?			**S. 38**
• beantworten die Fragen.	• lernen, sich das Gelernte bewusst zu machen.	• geben sich über den eigenen Lernfortschritt Rechenschaft.	Lernzielkontrolle Es ist sinnvoll, am Ende einer Einheit einen solchen Aufgabenkatalog bearbeiten zu lassen. Es ist auch möglich, das Arbeitsblatt in Partnerarbeit lösen zu lassen.

Name	Datum			

Die Menschen und das Licht

Viel Licht kommt von der Sonne.
Für die Menschen früher begann der Tag, wenn die Sonne aufging.
Der Tag endete, wenn sie untergegangen war.

Dann entdeckten die Menschen das Feuer.
Es brachte Wärme und Licht.
Mit brennenden Holzfackeln konnten sie ihre dunklen Höhlen erleuchten.

Im Laufe der Zeit lernten die Menschen, mit Tran und Fett Lampen herzustellen.
Aus dem Wachs der Bienen machten sie sich Kerzen.
Später gab es auch Öllampen.
Lange Zeit waren dies die einzigen Lichtquellen, wenn die Sonne untergegangen war.

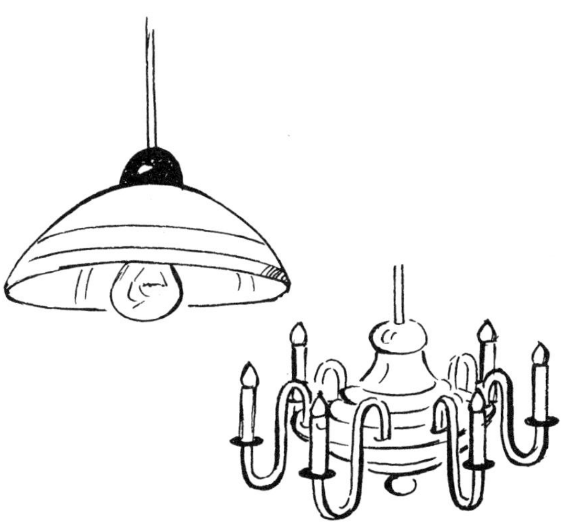

Vor etwas mehr als 100 Jahren gab es in den Straßen und Häusern der Städte Gaslicht.
Erst als die Glühlampe erfunden war, konnte man überall mit elektrischen Lampen Licht machen.

- ❖ Lies die Texte!
- ❖ Sprich mit deinem Partner darüber!
- ❖ Erzählt Geschichten über die Dunkelheit und das Licht!

Name	Datum			

Licht: Natürlich oder von den Menschen erfunden?

Natürliche Lichtquellen gab es schon immer.
Künstliche Lichtquellen haben die Menschen erfunden.

natürliches Licht ☐
künstliches Licht ☐

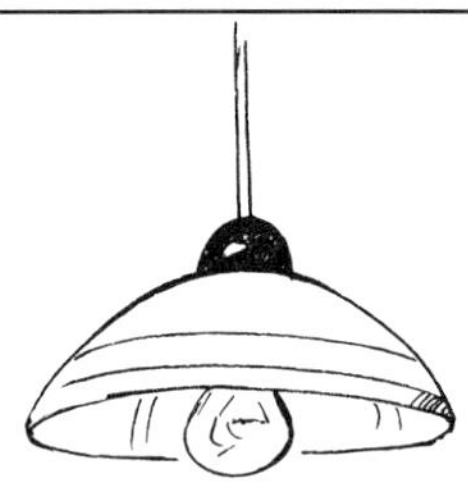

natürliches Licht ☐
künstliches Licht ☐

natürliches Licht ☐
künstliches Licht ☐

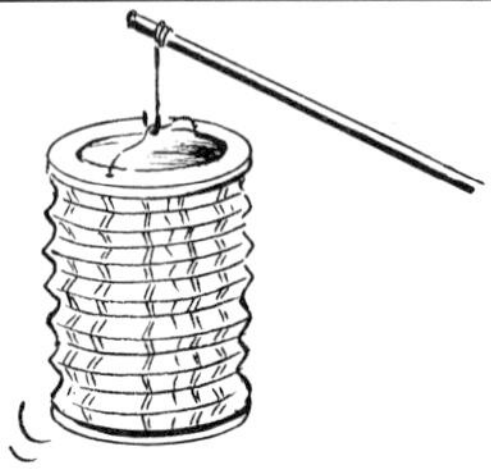

natürliches Licht ☐
künstliches Licht ☐

natürliches Licht ☐
künstliches Licht ☐

natürliches Licht ☐
künstliches Licht ☐

natürliches Licht ☐
künstliches Licht ☐

natürliches Licht ☐
künstliches Licht ☐

natürliches Licht ☐
künstliches Licht ☐

natürliches Licht ☐
künstliches Licht ☐

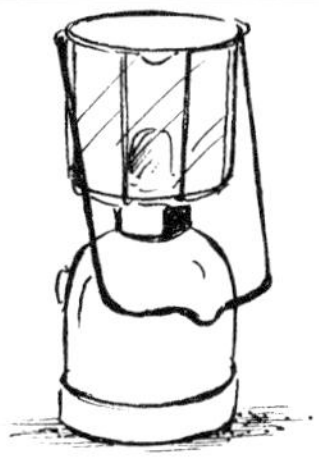

natürliches Licht ☐
künstliches Licht ☐

natürliches Licht ☐
künstliches Licht ☐

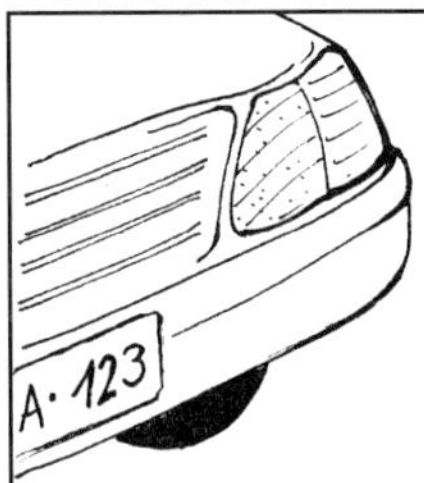

natürliches Licht ☐
künstliches Licht ☐

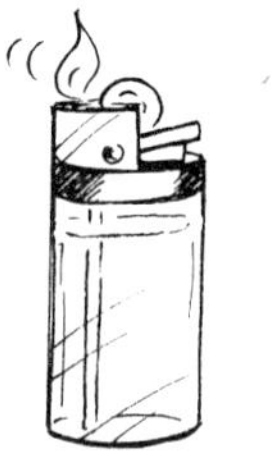

natürliches Licht ☐
künstliches Licht ☐

natürliches Licht ☐
künstliches Licht ☐

- Kreuze an, was du meinst!
- Vergleicht eure Ergebnissse und sprecht darüber!
- Sammle noch weitere Bilder von Lichtquellen!

Versuche mit Licht (1)

Der Rasen unter der Pappe

Material:

- Pappe
- Wiese

Frage:

Was wird mit dem Rasen?
Wie wird es nach einiger Zeit unter der Pappe aussehen?

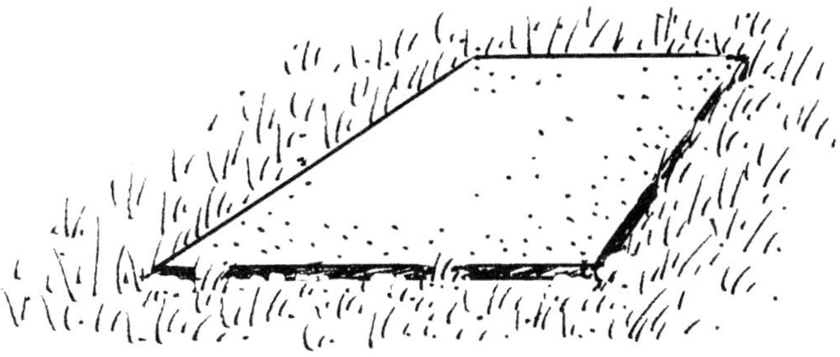

Ich vermute:

So gehe ich vor:

Ich lege das Stück Pappe einfach auf eine Wiese.
Die Pappe beschwere ich mit einem Stein.
Nach einer Woche nehme ich die Pappe wieder ab.

Ich beobachte:

Vergleiche deine Vermutung und deine Beobachtung!

Ich erkläre das so:

Versuche mit Licht (2)

Wie im Treibhaus

Material:

- eine Plastikschale
- Watte
- Kressesamen
- ein Glas

Frage:

Wächst die Kresse auch unter dem Glas?

Ich vermute:

____

____

____

So gehe ich vor:

Ich lege die Plastikschale mit Watte aus und feuchte sie an.
In die Watte säe ich die Kresse.
Mitten in die Plastikschale setze ich das Glas.
Es dauert eine Zeit, bis die Kresse aufgeht.
Vergiss nicht, die Watte feucht zu halten!

Ich beobachte:

____

____

____

____

Vergleiche deine Vermutung und deine Beobachtung!

Ich erkläre das so:

____

____

____

____

Name	Datum			

Tiere und Pflanzen brauchen Licht

„Ich weiß nicht“,
sagt Mutter,
„die Sonnenblume
will gar nicht wachsen.“
„Aber ich weiß es“,
meint Eva.
„Warum heißt sie
wohl Sonnenblume?
Sie braucht viel Sonne.“

Die Goldfische im Aquarium
in der Pausenhalle
sahen gut aus.
Nach einigen Wochen verloren
sie ihre Farbe.
„Natürlich“, sagte
der Fachmann, den man
um Rat fragte,
„die Goldfische
brauchen Sonnenlicht.“

„Warum ist der Strauch
so krumm gewachsen?“,
fragt Tom.
„Ja, überleg mal!“,
antwortet Vater.
„Dort an der Ecke bekommt
der Strauch nur wenig Licht.
Weil er aber Licht braucht,
wächst er dahin,
wo er Licht bekommt.“

❖ Vielleicht weißt du noch eine andere Geschichte vom Licht.
Schreibe sie auf und male ein Bild dazu!

Versuche mit Licht (3)
Lässt Licht sich einsperren?

Eigentlich kommt das Licht überall hin. Es dringt durch die kleinste Ritze.
Aber kann man das Licht auch einsperren? Versuche es!

Material:

- Taschenlampe
- Pappschachtel (z. B. Schuhkarton) mit Deckel
- Papiertüte
- Turnbeutel
- Plastikeimer mit Deckel
- Plastiktüte
- Beutel aus Klarsichtfolie u. Ä.

Frage: Lässt Licht sich einsperren?

Ich vermute:

Trage deine Vermutungen in die Tabelle ein!

Ich kann die leuchtende Lampe sehen. → **durchsichtig**
Ich kann die leuchtende Lampe nur schwach sehen. → **durchscheinend**
Ich kann die leuchtende Lampe nicht sehen. → **undurchsichtig**

So gehe ich vor:

Ich lege die Taschenlampe in das Gefäß und schließe dann das Gefäß.

Ich beobachte:

Trage deine Beobachtungen in die Tabelle ein!

Gefäß / Material:	**Ich vermute:**			**Ich beobachte:**		
	durchsichtig	*durchscheinend*	*undurchsichtig*	*durchsichtig*	*durchscheinend*	*undurchsichtig*
Papiertüte						
Turnbeutel						
Plastiktüte						
Pappschachtel mit Deckel						
Plastikeimer mit Deckel						
Beutel aus Klarsichtfolie						

Vergleiche deine Vermutungen mit den Ergebnissen!

Ich erkläre das so:

____

____

____

Versuche mit Licht (4)
Werfen Gegenstände Schatten?

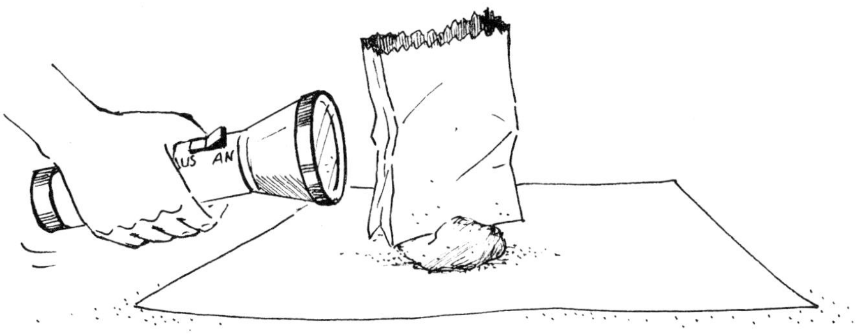

Material:
- Knete
- ein Bogen Papier
- Pappschachtel mit Deckel
- Papiertüte
- Plastiktüte
- Taschenlampe
- unterschiedliche Gegenstände

Frage: Werfen Gegenstände Schatten?

Ich vermute:

So gehe ich vor:
Aus der Knete forme ich eine Kugel und lege sie mitten auf den Bogen Papier.
Wenn nötig, befestige ich die Gegenstände in der Knete.
Dann leuchte ich die Gegenstände von allen Seiten mit der Taschenlampe an.

Meine Beobachtung trage ich in die Tabelle ein.

Gegenstand	wirft Schatten	wirft keinen Schatten
Papiertüte		
Plastiktüte		
Pappschachtel mit Deckel		

Vergleiche deine Vermutung mit deinen Beobachtungen!

Ich erkläre das so:

Versuche mit Licht (5)

Wohin fällt der Schatten?

Material:

- Taschenlampe
- Knete
- Nagel
- ein Bogen weißes Papier
- Filzschreiber

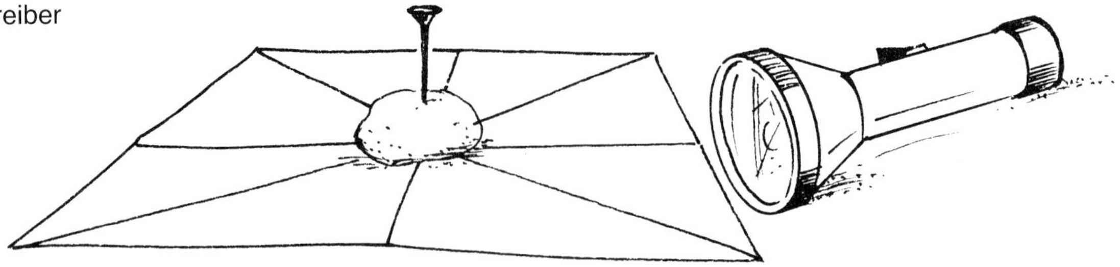

Frage: Wohin fällt der Schatten?

Ich vermute:

____

____

____

So gehe ich vor:

Ich falte den Bogen viermal. So wie es auf dem Bild zu sehen ist.
Dann falte ich ihn wieder auseinander und streiche ihn glatt.
Aus der Knete forme ich eine Kugel und lege sie in die Mitte des Bogens.
Mitten in die Knete stecke ich den Nagel.
Jetzt wird der Nagel aus der Richtung der Knickfalten mit der Taschenlampe angeleuchtet.
Mit einem Filzschreiber zeichne ich die Schatten nach.

Ich beobachte:

____

____

____

Vergleiche deine Vermutung und deine Beobachtungen!

Ich erkläre das so:

____

____

____

Versuche mit Licht (6)

Wie wächst der Schatten?

Material:

- eine kleine Taschenlampe
- Knete
- ein Nagel
- ein Bogen weißes Papier
- Filzschreiber

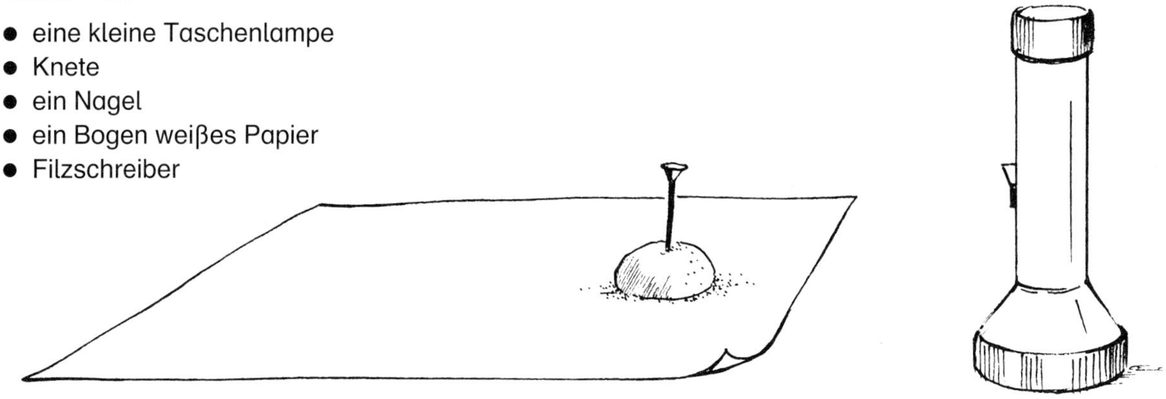

Frage: Was geschieht mit dem Schatten?

Ich vermute: Zeichne ein, wo du den Schatten vermutest.

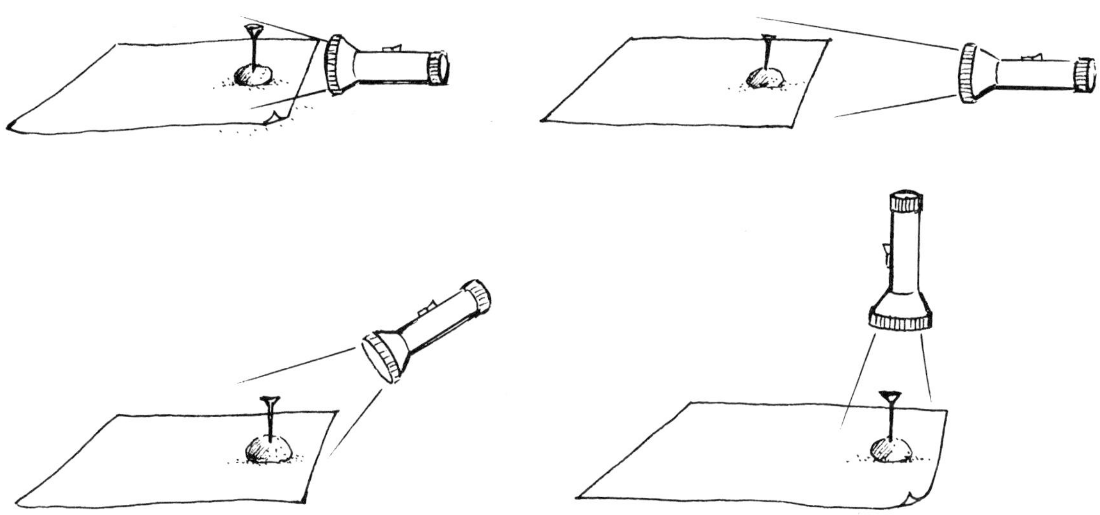

Ich probiere aus und beobachte:

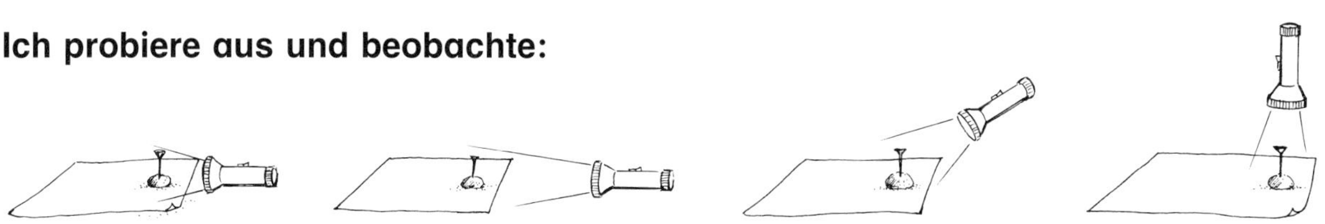

Ich vergleiche meine Vermutungen und meine Beobachtungen!

Ich erkläre das so:

____

____

____

Name	Datum			

Wo Licht ist, da ist auch Schatten

- ❖ Schaue dir die Bilder genau an!
- ❖ Zeichne ein, was fehlt, Schatten, Sonne oder beides!
- ❖ Vergleicht eure Zeichnungen und sprecht darüber!

Name	Datum			

Eine einfache Sonnenuhr

Material:

- Holzstab 30 cm
- Blumentopf mit Erde
- ein großer Bogen Papier
- dicke Filzstifte

So gehe ich vor:

Ich suche mir eine Stelle auf dem Schulhof, die den ganzen Tag in der Sonne liegt!

Den Blumentopf stelle ich mitten auf den Bogen Papier in die Sonne.

Den Holzstab stecke ich senkrecht in den Blumentopf.

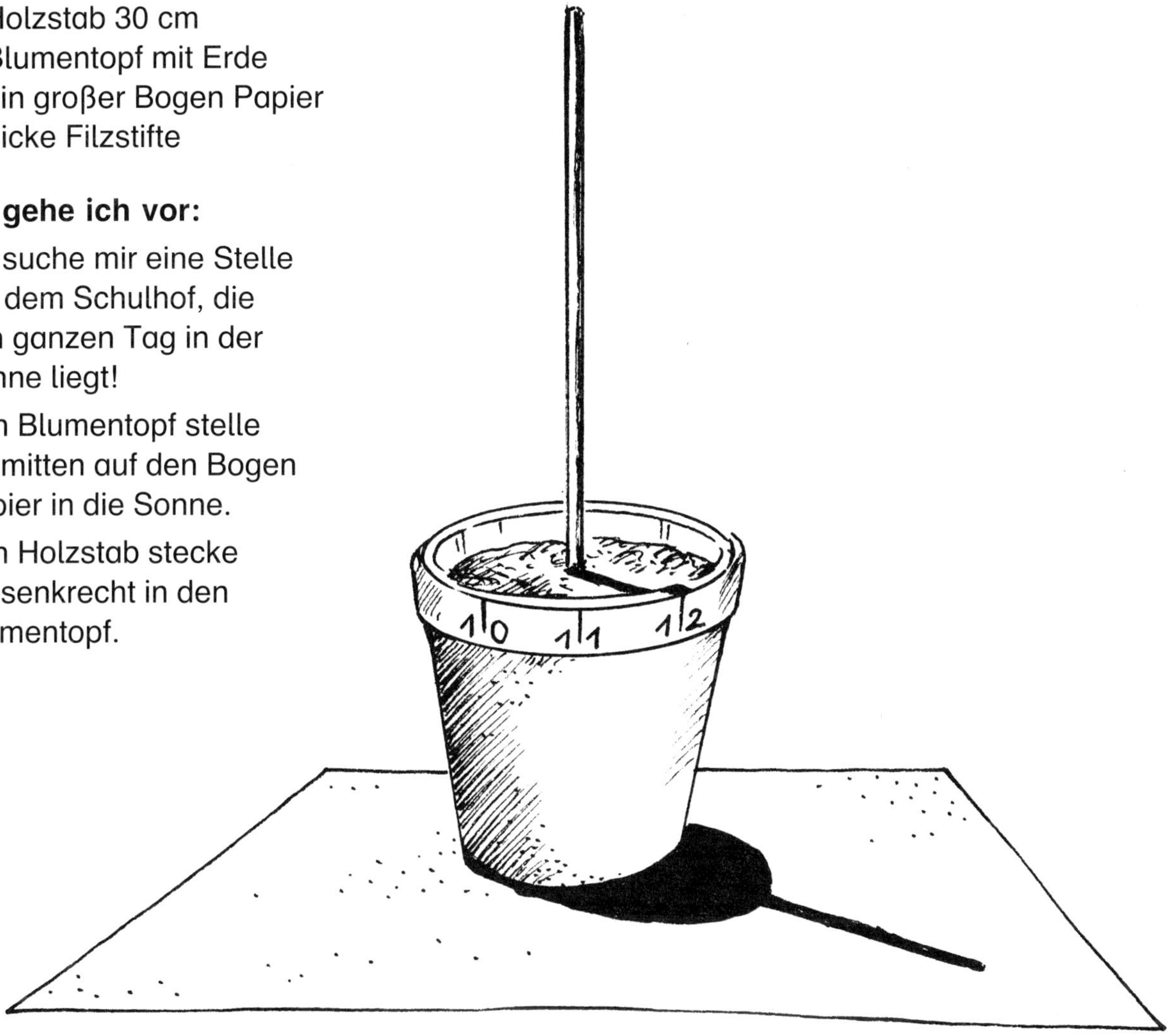

❖ Beobachte, wie der Schatten wandert und sich verändert!
❖ Ziehe mit dem Filzstift die Lage und die Länge des Schattens nach!
❖ Schreibe die Beobachtungszeit auf!

Wenn du den Schatten auch auf dem Rand des Blumentopfes einzeichnest und die Uhrzeit dazu schreibst, hast du eine einfache Sonnenuhr!

Uhrzeit	Wie lang ist der Schatten?

Name	Datum			

Was hast du über Licht gelernt?

1. Das Tageslicht kommt von der

____

2. Nenne vier Lichter, die in der Nacht leuchten:

____

____

____

____

3. In welcher Reihenfolge entdeckten die Menschen die folgenden Möglichkeiten Licht zu nutzen?

4. Durch die Nutzung des Feuers hatten die Menschen

____

____

5. Was geschieht, wenn man eine Rasenfläche mit Pappe zudeckt?

____

____

6. Kreuze die natürlichen Lichtquellen an!

7. Nenne vier Stoffe, die kein Licht durchlassen!

____

____

____

____

8. Male in den Bildern den richtigen Schatten aus!

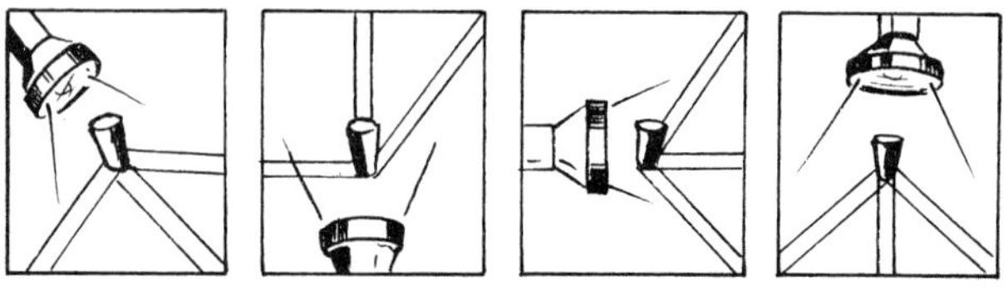

3 Wärme

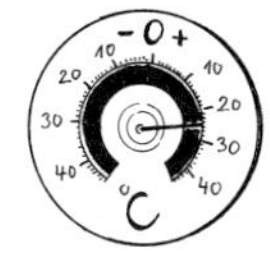

Überlegungen und Anregungen zur Didaktik und Methode:

Erste bewusste Erfahrungen mit Wärme machen

Tragfähige Grundlagen *Die Kinder …*			**Bemerkungen**
Kenntnisse	**Fertigkeiten / Fähigkeiten**	**Einstellungen / Haltungen**	
Überall Wärme (1) **Überall Wärme (2)**			**S. 41** **S. 42**
• wissen, dass wir Menschen, Tiere und Pflanzen auf die Wärme angewiesen sind. • wissen, dass wir die Wärme vielfach nutzen.	• entnehmen aus Bildern Informationen. • sprechen zu Bildern. • schreiben zu Bildern Texte. • ordnen Bilder und Text einander zu. • bringen eigene Erfahrungen ein.	• werden sich der Bedeutung der Wärme bewusst. • empfinden das Fehlen von Wärme als Mangel. • erfahren, dass Kälte von Nutzen sein kann.	Die Bilder können als Einstieg in das Thema genutzt werden. Die Kinder sollen erzählen, welche Erfahrungen sie mit Wärme und Kälte gemacht haben. Wie es ihnen einmal sehr warm war. Wie sie einmal sehr gefroren haben.
Woher kommt die Wärme?			**S. 43**
• wissen, dass die Wärme verschiedene Ursachen haben kann.	• treffen auf Grund eigener Erfahrungen Entscheidungen. • begründen die eigenen Entscheidungen.	• werden für die unterschiedlichen Wärmequellen aufgeschlossen.	Kinder haben zwar Erfahrungen mit Wärme und Kälte, sie wissen aber nicht immer, woher die Wärme kommt. Es empfiehlt sich, das AB bearbeiten zu lassen und anschließend darüber zu sprechen.
Zu warm oder zu kalt?			**S. 44**
• erfahren, dass etwas zu warm oder auch zu kalt sein kann. • wissen, dass Wärme mit dem Thermometer gemessen wird. • lernen verschiedene Thermometer kennen.	• schreiben zu Bildern eine Geschichte. • malen oder erzählen selbst entsprechende Situationen.	• werden sich der alltäglichen Erfahrung von Wärme und Kälte bewusst.	Bilder werden als Sprech- und Schreibanlass eingesetzt. Verschiedene Thermometer werden mitgebracht und ein Ausstellungstisch organisiert.
Das Thermometer			**S. 45**
• lernen Aufbau und Funktion eines Thermometers kennen.	• beschriften ein Bild mit Fachbegriffen.	• lernen, mit solchen Instrumenten vorsichtig umzugehen. • werden für die Bedeutung verschiedener Thermometer sensibilisiert.	Auf diesem AB wird auf die Funktion eines einfachen Thermometers eingegangen.

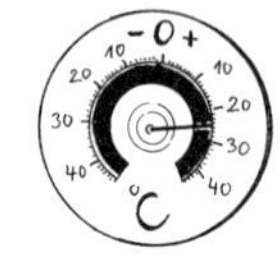

Tragfähige Grundlagen *Die Kinder …*			Bemerkungen
Kenntnisse	**Fertigkeiten / Fähigkeiten**	**Einstellungen / Haltungen**	
Versuche mit dem Thermometer (1) – Was zeigt das Thermometer an? S. 46 **Versuche mit dem Thermometer (2) – Wie das Thermometer steigende Temperaturen misst S. 46**			
• erfahren, wie das Thermometer steigt und fällt. • können die Temperatur vom Thermometer ablesen.	• bauen einfache Versuche selbstständig auf und führen sie durch. • beobachten und beschreiben Vorgänge.	• werden in ihrer Offenheit, Wissbegier und Fragehaltung gefördert.	Die Kinder sollen konkret erfahren, wie das Thermometer auf unterschiedliche Temperatur reagiert, wie es steigt und fällt. Hier sollte den Kindern viel Freiraum gewährt werden, Temperaturen zu messen (siehe AB „Woher kann die Wärme kommen?").
Auf die Wärme kommt es an S. 47			
• erkunden Situationen, in denen Temperatur abgelesen oder eingestellt werden muss.	• beobachten die Umwelt im Hinblick auf Gebrauch und Nutzen von Wärme oder Kälte.	• werden sich der alltäglichen Nutzung von Wärme und Kälte bewusst.	Die Kinder sollen erkunden, wo überall Wärme und Kälte genutzt und gemessen wird. Sie sollen aber auch begründen, warum an dieser Stelle die Temperatur gemessen werden muss.
Fragen zu Wärme und Kälte S. 48			
• erkunden Situationen, in denen eine bestimmte Temperatur gebraucht wird.	• beobachten verschiedene Thermometer. • stellen fest, wo es Thermostate gibt. • begründen die Einstellung auf eine bestimmte Gradzahl.	• bekommen ein Gefühl dafür, wie sehr Wärme und Kälte unseren Alltag bestimmen.	Die Kinder sollen ihre Umgebung bewusst erkunden. Die Ergebnisse müssen verglichen und diskutiert werden. Es stellt sich auch die Frage, wann Kälte oder Wärme angenehm oder unangenehm sind.

Name **Datum**

Überall Wärme 1

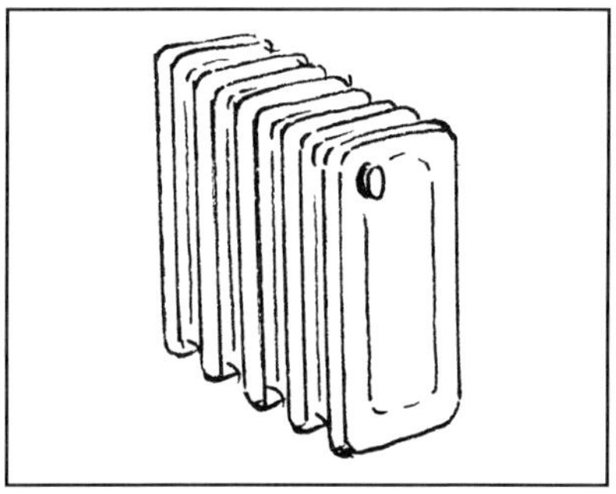
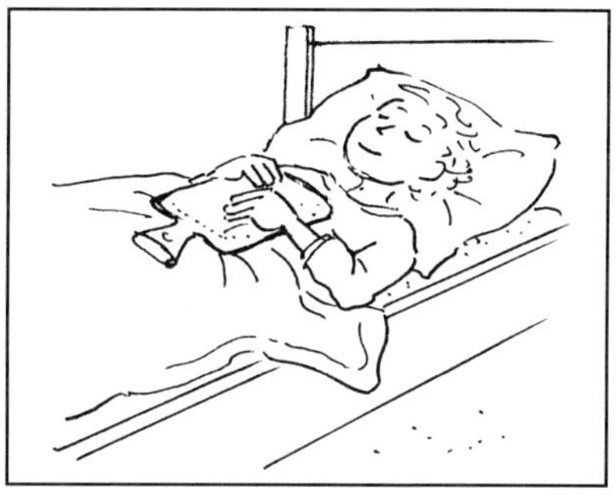

❖ Ordne die Bild- und Textkarten einander zu!

Name	Datum			

Überall Wärme 2

Zum Kochen braucht man Wärme. Die Suppe schmeckt nur, wenn sie warm ist.	Die kleinen Küken suchen unter dem Gefieder ihrer Mutter Schutz und Wärme.	Im Winter ziehen wir uns warm an, damit wir nicht frieren.
Ein Heizkörper ist in jedem Raum. Der Ofen brennt im Heizungskeller. So ist es überall schön warm.	Wenn ich Bauchweh habe, lege ich mich mit einer Wärmflasche ins Bett.	Opa braucht noch eine Decke, damit er nicht friert.
Eine warme Tasse Tee oder Kakao ist gut, wenn es draußen kalt ist.	Schneeglöckchen kommen, wenn die ersten Sonnenstrahlen die Erde erwärmen.	In den Ferien am Strand ist es erst richtig schön, wenn die Sonne scheint und es warm ist.
Sonnenblumen brauchen Sonne. Im Schatten wachsen sie nicht.	Im Gewächshaus wird es schnell warm. Hier wächst alles, was Wärme braucht.	Auch wenn die Eier ausgebrütet sind, brauchen die kleinen Vögel viel Wärme.
Es ist schön, am Lagerfeuer zu sitzen und sich zu wärmen.	Das Bügeleisen bügelt die Wäsche nur schön glatt, wenn es richtig heiß ist.	Die Katze sucht sich ein schönes sonniges Plätzchen, wohin sie sich kuscheln kann.

❖ Ordne die Bild- und Textkarten einander zu!

Name	Datum			

Woher kommt die Wärme?

- Feuer ☐
- Sonne ☐
- Strom ☐
- Reibung ☐
- Körper ☐

- Feuer ☐
- Sonne ☐
- Strom ☐
- Reibung ☐
- Körper ☐

- Feuer ☐
- Sonne ☐
- Strom ☐
- Reibung ☐
- Körper ☐

- Feuer ☐
- Sonne ☐
- Strom ☐
- Reibung ☐
- Körper ☐

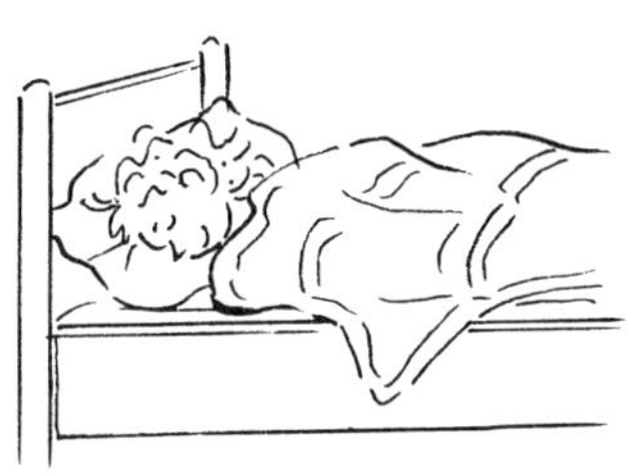

- Feuer ☐
- Sonne ☐
- Strom ☐
- Reibung ☐
- Körper ☐

- Feuer ☐
- Sonne ☐
- Strom ☐
- Reibung ☐
- Körper ☐

- Feuer ☐
- Sonne ☐
- Strom ☐
- Reibung ☐
- Körper ☐

- Feuer ☐
- Sonne ☐
- Strom ☐
- Reibung ☐
- Körper ☐

- Feuer ☐
- Sonne ☐
- Strom ☐
- Reibung ☐
- Körper ☐

- Feuer ☐
- Sonne ☐
- Strom ☐
- Reibung ☐
- Körper ☐

❖ Kreuze an, woher die Wärme kommt!

Name	Datum	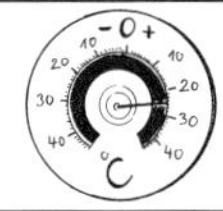		

Zu warm oder zu kalt?

Da hilft ein Thermometer

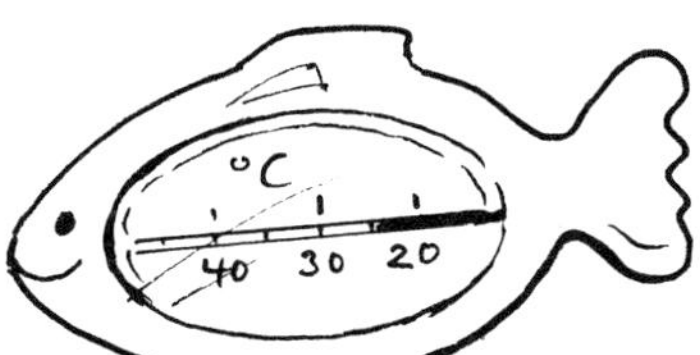

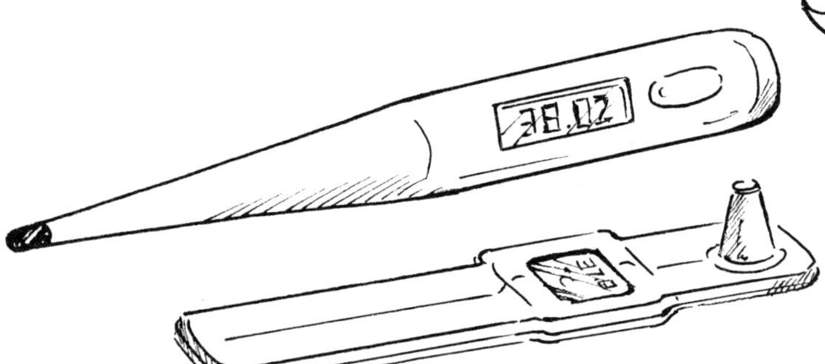

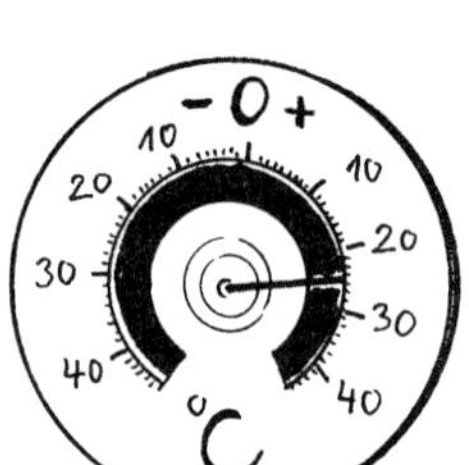

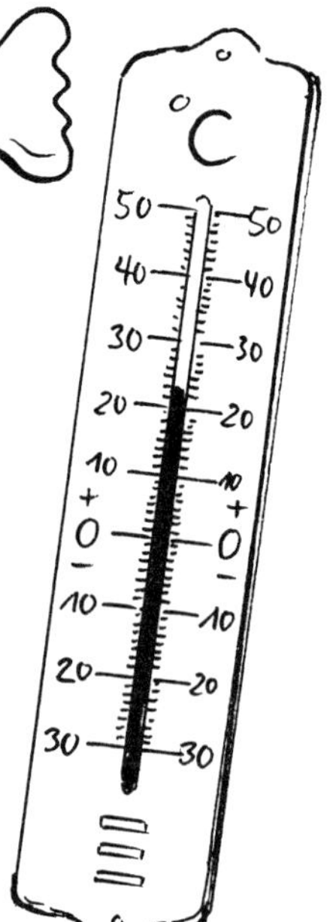

Es gibt viele Thermometer.
Was kann man mit dem Thermometer messen?
Was haben alle Thermometer?
Wie kann man die Temperatur ablesen?

❖ Halte mit der Hand das Thermometer warm und zähle bis 60!
Lies jetzt ab, wie hoch das Thermometer gestiegen ist!
Wiederhole diese Übung und zähle länger!

Name	Datum			

Das Thermometer

Temperatur kannst du mit einem Thermometer messen.

❖ Trage die Teile eines Thermometers ein!

Behälter für Flüssigkeit	Flüssigkeit	Röhrchen	Skala

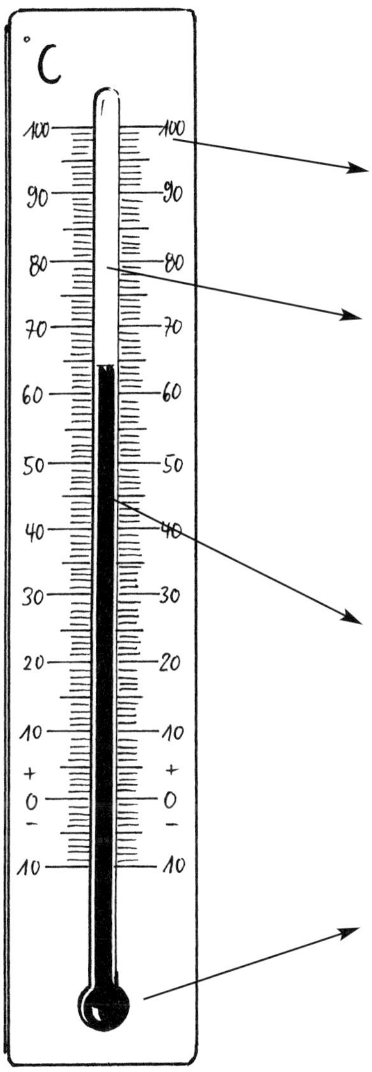

Und so funktioniert das Thermometer:

Wenn die Flüssigkeit unten in dem Flüssigkeitsbehälter warm wird, dehnt sie sich aus und steigt in dem Röhrchen hoch.
Wo die Flüssigkeit stehen bleibt, kannst du an der Skala ablesen, wie warm es ist.
Wir sagen: „Es sind … Grad Celsius."
Celsius ist der Erfinder des Thermometers. Das Zeichen für Grad ist °.
Kältegrade werden mit einem – (Minus) gekennzeichnet.

Versuche mit dem Thermometer (1)

Was zeigt das Thermometer an?

Material:

- ein Thermometer
- drei Gläser
- warmes Wasser
- kaltes Wasser
- Eiswürfel

warm kalt eiskalt

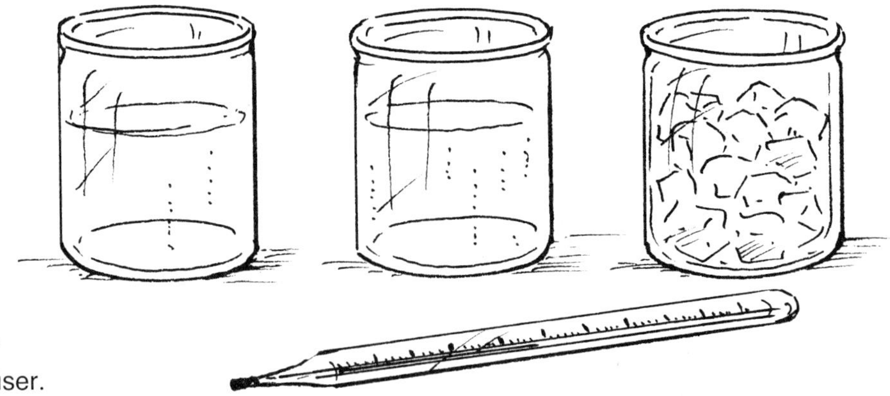

So gehe ich vor:

Ich stelle das Thermometer abwechselnd in die drei Gläser.

Lies die Temperaturen ab und mache eine Liste!

Zeit	warmes Wasser	kaltes Wasser	Eiswürfel
nach 1 Minute			
nach 5 Minuten			
nach 10 Minuten			

Versuche mit dem Thermometer (2)

Wie das Thermometer steigende Temperaturen misst

Material:

- ein Thermometer
- ein Glas mit Wasser
- ein Teelicht
- ein Ständer

So gehe ich vor:

Ich stelle das Thermometer zunächst in kaltes Wasser.
Dann erwärme ich das Wasser mit dem Teelicht.

Ich beobachte das Thermometer und trage in die Tabelle ein, wie sich die Temperatur verändert.

nach	1 Minute	2 Minuten	4 Minuten	7 Minuten	10 Minuten
Temperatur					

Name	Datum	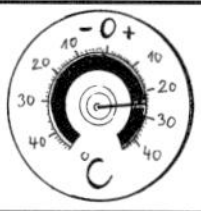		

Auf die Wärme kommt es an

- ❖ Schreibe auf, warum hier die Temperatur gemessen wird!
- ❖ Du findest bestimmt noch andere Situationen, in denen Temperatur gemessen wird. Schreibe sie auf und zeichne dazu!

Name	Datum	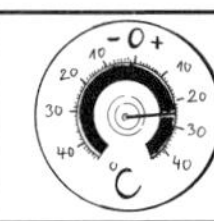		

Fragen zu Wärme und Kälte

Bei wie viel Grad kocht das Wasser? ________

Bei wie viel Grad gibt es hitzefrei? ________

Bei wie viel Grad friert die Pfütze zu? ________

Ab wie viel Grad hast du Fieber? ________

Wie viel Grad soll das Badewasser haben? ________

Wie viel Grad braucht der Kuchen zum Backen? ________

Bei wie viel Grad wird die Wäsche gewaschen? ________

Wie viel Grad sind in deinem Zimmer? ________

Wie viel Grad hat das Wasser im Schwimmbad? ________

Auf wie viel Grad steht der Kühlschrank? ________

Auf wie viel Grad steht der Gefrierschrank? ________

Wie warm ist das Wasser aus der Leitung? ________

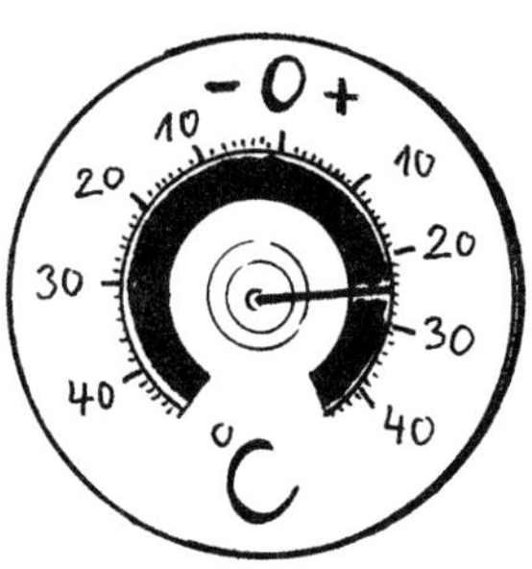

- ❖ Erkundige dich oder schaue selbst nach!
- ❖ Trage die Ergebnisse ein!
- ❖ Finde weitere Fragen!
- ❖ Sprecht über eure Fragen und Antworten!

4 Wasser

Überlegungen und Anregungen zur Didaktik und Methode:

Erste bewusste Erfahrungen mit Wasser machen

Tragfähige Grundlagen *Die Kinder ...*			Bemerkungen
Kenntnisse	**Fertigkeiten / Fähigkeiten**	**Einstellungen / Haltungen**	
Überall Wasser			**S. 51**
• erfahren, wo überall Wasser ist. • erfahren, wo überall Wasser gebraucht wird.	• entnehmen einem Bild Informationen. • schreiben zu einem Bild einen Text.	• lassen sich von Bildern zum Nachdenken anregen. • denken über selbstverständliche Gegebenheiten nach.	Die Seite kann als Einstieg in das Thema genutzt werden. Die Bilder sollen dazu anregen, über Gebrauch und Nutzen des Wassers nachzudenken und zu sprechen. Die Bilder können ausgeschnitten und an die Kinder verteilt werden.
Woher kommt unser Wasser?			**S. 52**
• erfahren durch die Zusammensetzung mit dem Wort „-wasser“, woher unser Wasser kommt.	• deuten Bilder. • stellen durch zusammengesetzte Wörter fest, woher unser Wasser kommen kann.	• werden sich bewusst, dass Wasser vielfältig vorkommen kann.	Die zusammengesetzten Nomen sagen etwas über die Herkunft des Wassers. Es empfiehlt sich, über die einzelnen Begriffe intensiv zu sprechen.
Wo versteckt sich Wasser?			**S. 53**
• erfahren, dass alles, was lebt und wächst, auch Wasser enthält.	• treffen eigene Entscheidungen und begründen diese.	• staunen, wo überall Wasser ist.	Den Kindern ist nur selten bewusst, dass der Saft einer Orange etwas mit Wasser zu tun hat.
Alles braucht Wasser			**S. 54**
• erfahren, dass wir Menschen, Tiere und Pflanzen zum Leben Wasser brauchen. • erkunden, wozu wir Wasser brauchen.	• interpretieren Bilder. • schätzen Sachverhalte ein. • suchen und benennen weitere Sachverhalte.	• entwickeln Verantwortung für die Umwelt.	Hier dienen die Bilder als Anregung, über den Gebrauch und Nutzen des Wassers nachzudenken. Mit Hilfe der Bilder könnte ein kleines Buch gestaltet werden. Die Kinder müssten zu jedem Bild einen kurzen Text schreiben.
Ohne Wasser kein Leben			**S. 55**
• wissen, dass Menschen, Tiere und Pflanzen zu großen Teilen aus Wasser bestehen.	• entnehmen einem Text Informationen. • verändern ein Bild nach Anweisung.	• gewinnen Interesse an Naturphänomenen.	Die Kinder sollen sehr anschaulich erfahren, dass Menschen, Tiere und Pflanzen zum großen Teil aus Wasser bestehen. Vielleicht finden die Kinder eine Begründung dafür.

Tragfähige Grundlagen *Die Kinder …*			Bemerkungen
Kenntnisse	**Fertigkeiten / Fähigkeiten**	**Einstellungen / Haltungen**	
Versuche mit Wasser (1) – Wo bleibt das Wasser?			**S. 56**
• erfahren, dass Wasser von der Luft aufgenommen wird. • erfahren, dass bewegte Luft die Feuchtigkeit schneller aufnimmt. • erfahren, dass warme Luft mehr Feuchtigkeit aufnehmen kann.	• führen einfache Versuche durch. • benennen und begründen Beobachtungen.	• gewinnen Interesse an Naturphänomenen.	In dieser einfachen Form sollen die Kinder eine weitere Eigenschaft des Wassers erfahren, nämlich dass es verdunsten kann.
Versuche mit Wasser (2) – Was macht das Wasser?			**S. 57**
• erfahren, was das Wasser alles kann. • erfahren, dass das Verhalten des Wassers von der Beschaffenheit des Untergrundes abhängt.	• führen einen Versuch durch. • halten Ergebnisse und Beobachtungen in einer Tabelle fest.	• gewinnen Interesse an Naturphänomenen.	Hier kommen noch andere Tätigkeiten des Wassers ins Spiel. Dieser Versuch sollte in arbeitsteiliger Gruppenarbeit angelegt werden. Dabei kommt es auf genaue Beobachtung an.
Kommt hier Wasser (Feuchtigkeit) in die Luft?			**S. 58**
• erkennen, wovon es abhängig ist, was das Wasser macht.	• treffen eigene Entscheidungen und begründen diese		Die Seite kann als Test eingesetzt werden. Auch hier sind nicht alle Bilder ganz eindeutig zu beantworten. Es ist wichtig, darüber zu sprechen.
Wasser im Kreislauf			**S. 59**
• lernen den Kreislauf des Wassers kennen.	• stellen die Wasser-Kreislauf-Uhr her. • beschreiben den Kreislauf mit Hilfe des Bildes.	• verstehen die Vorgänge der Natur in einem Modell.	Es ist zu überlegen, ob der Text angeboten werden soll oder ob die Kinder zum Drehen des Zeigers sprechen und selbst einen Text schreiben sollen. Es empfiehlt sich das Bild auf Karton zu vergrößern.

Name	Datum			

Überall Wasser

❖ Sprecht über die Bilder und überlegt, was sie mit Wasser zu tun haben!

Name	Datum			

Woher kommt unser Wasser?

❖ Setze diese Wörter mit dem Wort „Wasser“ zusammen und schreibe das neue Wort unter das passende Bild!
Brunnen-, Fluss-, Grund-, Leitungs-, Meer-, Quell-, Regen-, See-

Name	Datum			

Wo versteckt sich Wasser?

❖ Streiche alles durch, was kein Wasser enthält! Male alles farbig an, was Wasser enthält!

Name	Datum			

Alles braucht Wasser

❖ Suche ein Bild aus und schreibe einen kurzen Text dazu!

Name	Datum			

Ohne Wasser kein Leben

❖ Male das Bild bis zum Strich blau aus!

Der Mensch besteht zu zwei Dritteln aus Wasser. Wenn wir schwitzen und wenn wir zur Toilette gehen, geben wir Wasser ab. Aber wir müssen viel trinken, damit wir genug Flüssigkeit im Körper haben.

❖ Male das Bild bis zum Strich blau aus!

Ein Hund besteht zu zwei Dritteln aus Wasser. Auch er muss viel Wasser aufnehmen.

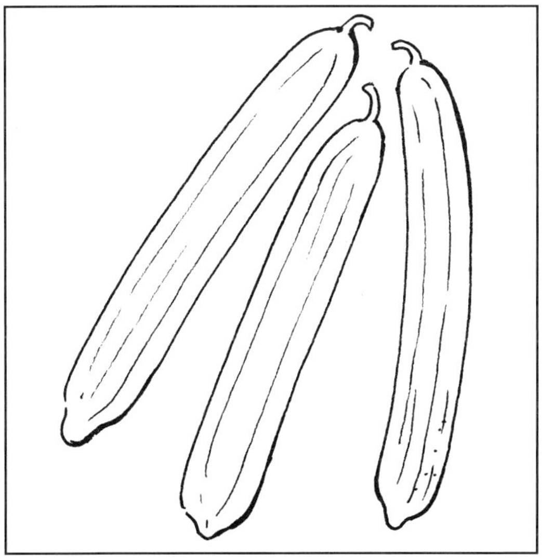

❖ Male die Gurken ganz blau aus!

Eine Gurke besteht fast nur aus Wasser. Pflanzen verdunsten Wasser durch die Blätter und nehmen mit den Wurzeln neues Wasser auf.

→ Was geschieht, wenn man eine Gurke zwei Wochen liegen lässt? Vermute, beobachte und erkläre!

Menschen, Tiere und Pflanzen brauchen Wasser.
Alle müssen fehlendes Wasser wieder auffüllen, sonst verdursten sie.

Versuche mit Wasser (1)

Wo bleibt das Wasser?

Material:

- eine Tafel
- ein nasser Schwamm
- ein Stück Pappe
- ein Föhn

So gehe ich vor:

Drei gleich große Felder an der Tafel werden mit dem Schwamm richtig nass gemacht! Die erste Tafel lasse ich einfach so trocknen. Die zweite Tafel versuche ich durch Fächern mit einem Stück Pappe zu trocknen. Das dritte Feld trockne ich mit einem Föhn. Ich wiederhole den Versuch und schaue zur Uhr.

Frage: Welche Tafel ist zuerst trocken?
Wie lange dauert es bis jede Tafel trocken ist?

Ich vermute:

____

____

Ich beobachte:

____

____

Vergleiche deine Vermutung und deine Beobachtung!

Ich erkläre das so:

____

____

____

Versuche mit Wasser (2)

Was macht das Wasser?

Material:

- mehrere Eimer Wasser
- für jedes Kind einen Becher

So gehen wir vor:

Wir gehen auf den Schulhof.
Jedes Kind bekommt einen Becher Wasser.
Der Becher kann natürlich nachgefüllt werden.
Nun sucht sich jedes Kind
Stellen auf dem Schulhof,
wo es sein Wasser ausgießt.
Dabei soll der Boden möglichst
unterschiedlich sein.

Beobachte genau!

Wie ist der Erdboden beschaffen?
Was macht das Wasser?
Trage die Ergebnisse in die Tabelle ein!

Boden	Was macht das Wasser?
weich, hart, trocken, feucht, steinig, locker, Gras, Erde, Pflaster, Steinplatten, Asphalt, Moos, Blumen, Bäume, Sträucher	fließt ab, verdunstet, versickert, verdampft, wird aufgesogen, bleibt stehen, läuft ab

Name	Datum			

Kommt hier Wasser (Feuchtigkeit) in die Luft?

ja ☐
nein ☐

ja ☐
nein ☐

ja ☐
nein ☐

ja ☐
nein ☐

ja ☐
nein ☐

ja ☐
nein ☐

ja ☐
nein ☐

ja ☐
nein ☐

ja ☐
nein ☐

ja ☐
nein ☐

ja ☐
nein ☐

ja ☐
nein ☐

ja ☐
nein ☐

ja ☐
nein ☐

ja ☐
nein ☐

ja ☐
nein ☐

❖ Kreuze an, was du meinst!
Überlege, wo noch Wasser in die Luft kommt und wo nicht!

Name	Datum			

Wasser im Kreislauf

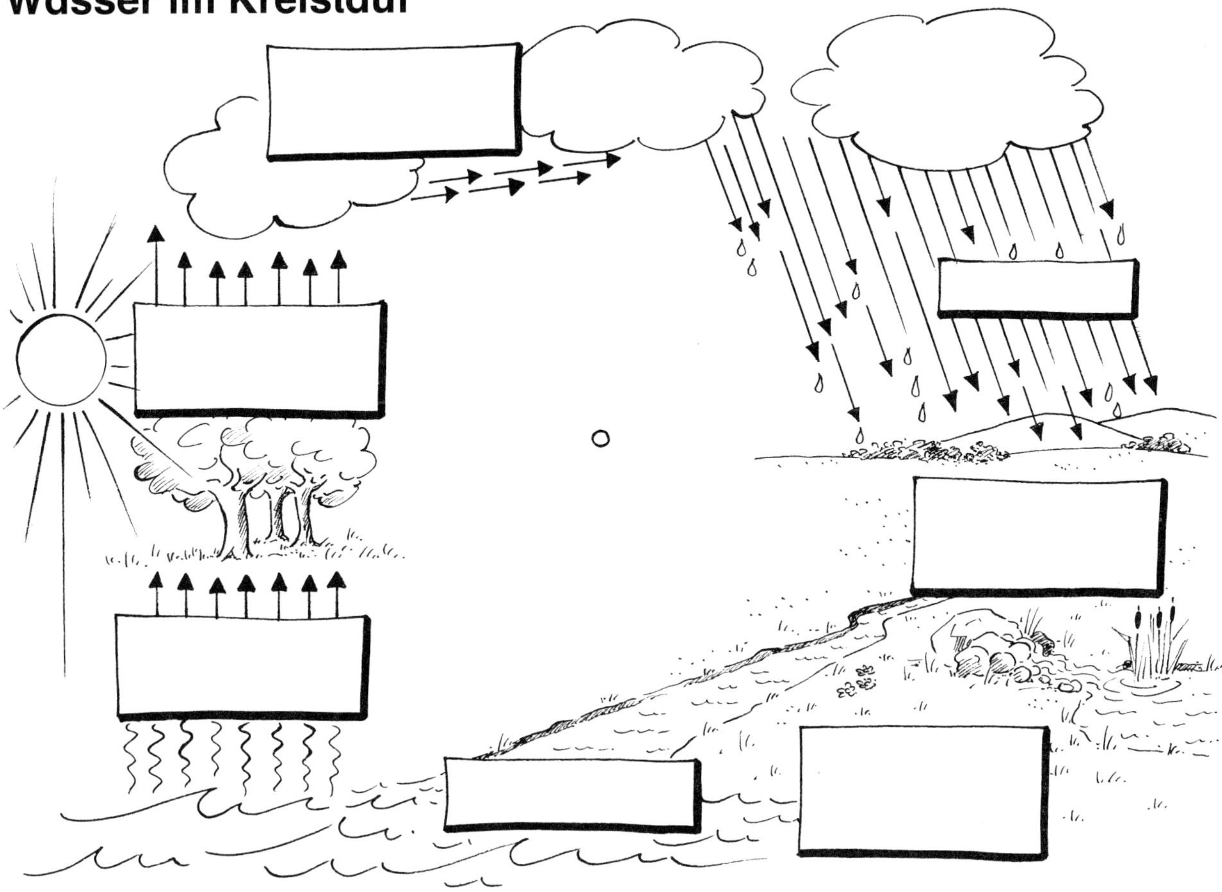

❖ Schneide die Sätze aus und klebe sie an die richtige Stelle im Wasserkreislauf auf!

❖ Klebe den Pfeil auf Pappe, schneide ihn aus und befestige ihn in der Mitte des Bildes!

Es bilden sich Wolken. Die Wolken steigen auf und kühlen ab.	Das Wasser fließt in der Erde weiter. Es kommt in die Flüsse und Seen.	Die Sonne erwärmt den Boden und das Wasser.
Das Wasser fließt ins Meer.	Es regnet.	
Das Wasser fließt ab. Es versickert im Boden oder es verdunstet.	Das Wasser verdunstet und steigt als Wasserdampf auf.	

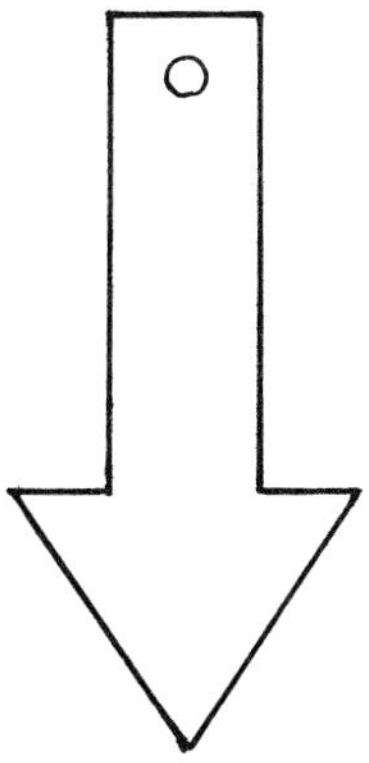

5 Luft

Überlegungen und Anregungen zur Didaktik und Methode:

Elementare Erfahrungen mit Luft machen

Tragfähige Grundlagen *Die Kinder …*			**Bemerkungen**
Kenntnisse	**Fertigkeiten/ Fähigkeiten**	**Einstellungen/ Haltungen**	
Luft! Luft! Luft!			**S. 62**
• überlegen, wo auf dem Bild Luft im Spiel ist. • erkennen, dass Luft überall zu spüren ist. • stellen fest, dass es ohne Luft nicht geht.	• erkennen die Erscheinungsformen der Luft.	• entwickeln Interesse an Naturphänomenen.	Das Bild kann gut zum Einstieg in das Thema genutzt werden. Die Kinder kreuzen alles an, was mit Luft zu tun hat. Im Gespräch begründen sie ihre Entscheidungen.
Versuche mit Luft (1) – Was kommt aus der Flasche? **Versuche mit Luft (2) – Läuft das Glas mit Wasser voll?**			**S. 63** **S. 63**
• erfahren, dass Luft da ist, wo scheinbar nichts ist. • erkennen, dass Luft Raum einnimmt.	• beobachten und beschreiben Sachverhalte.		Der Versuch kann von einzelnen Kindern im Kreis vorgeführt werden.
Luft ist überall			**S. 64**
• werden sich darüber klar, dass Luft alle Leerräume ausfüllt und es eigentlich keinen leeren Raum gibt.	• untersuchen und klären Kräfte, Eigenschaften und Wirkungszusammenhänge.		Die Kinder können Beispiele sammeln, wo überall Luft sein kann. Es soll bewusst werden, dass Luft alle Leerräume ausfüllt und wirklich überall ist.
Versuche mit Luft (3) – Was geschieht?			**S. 65**
• erfahren, dass Luft verbraucht wird. • erkunden, dass die Kerze beim Brennen Luft verbraucht. • erfahren, dass das Wasser den Raum der Luft einnimmt.	• bilden Hypothesen, führen Versuche durch und werten diese aus.		Hier soll exemplarisch verdeutlicht werden, dass Luft verbraucht wird.
Wo wird Luft gebraucht?			**S. 66**
• erfahren, dass Menschen, Tiere und Pflanzen Luft brauchen. • stellen fest, dass wir die Luft vielfach nutzen.	• machen elementare Erfahrungen mit Luft.		An dieser Stelle wurde bewusst auf den Vorgang der Atmung verzichtet. Siehe Band 3/4.

Tragfähige Grundlagen *Die Kinder …*			Bemerkungen
Kenntnisse	**Fertigkeiten / Fähigkeiten**	**Einstellungen / Haltungen**	
Versuche mit Luft (4) – Wenn Luft eingesperrt wird **Versuche mit Luft (5) – Warum springt der Ball höher?**			**S. 67** **S. 67**
• erfahren, dass wir Luft einsperren können. • erfahren, dass eingesperrte Luft etwas bewirken kann.	• machen Versuche mit dem Element Luft.	• lernen die Bedeutung des Elementes Luft für die Menschen einzuschätzen.	Hier wird eine Eigenschaft der Luft angesprochen, die im Erfahrungsbereich der Kinder liegt. Die Kinder sollten in der Klasse einen Fußball, einen Fahrradreifen o. Ä. aufpumpen.
Was eingesperrte Luft kann			**S. 68**
• entscheiden, was eingesperrte Luft bewirken kann.	• schätzen die Bedeutung dieses Naturphänomens ein.		Auch hier sollen die Vorerfahrungen der Kinder angesprochen werden.
Versuche mit Luft (6) – Kann Luft tragen? **Versuche mit Luft (7) – Kann Luft bremsen?**			**S. 69** **S. 69**
• lernen andere Eigenschaften der Luft kennen.	• planen einfache Versuche, führen sie durch und werten diese aus.		Hier soll die Tatsache festgestellt werden, dass Luft tragen kann. Siehe Band 3/4.
Was fällt? Was schwebt?			**S. 70**
• stellen fest, was fällt und was schwebt. • erkennen, dass schwere Gegenstände fallen, leichte Gegenstände schweben.	• sprechen über ein Naturphänomen und treffen Entscheidungen.		Diese Versuche können sowohl im Kreis als auch in Gruppenarbeit durchgeführt werden.
Spiele mit dem Luftballon			**S. 71**
• machen Spiele mit dem Luftballon.	• erfahren das Element Luft spielerisch.		Jedes Kind sollte seinen Luftballon aufblasen und frei mit ihm spielen können. Erst dann werden die Spielideen eingesetzt.
Was noch alles in der Luft ist			**S. 72**
• erkennen, dass Gerüche in der Luft sind. • erkennen, das Geräusche in der Luft sind. • erkennen, dass Feuchtigkeit in der Luft ist. • erkennen, dass Schmutz in der Luft ist.	• machen weitere Erfahrungen zum Thema Luft.	• schätzen ein, welche große Bedeutung die Luft für uns hat und • was Luftverschmutzung bedeutet.	Die Kinder sollen erfahren, dass damit das Thema Luft noch nicht ausgeschöpft ist. Einstieg: Da ist noch etwas auf den Bildern, das man nicht sehen kann.
Luft-Domino			**S. 73**
• wenden das gelernte Wissen im Domino an und prägen es sich ein.	• setzen ihr erlerntes Wissen ein und wenden es an.		Wenn die fertige Lösung aufgeklebt und ausgeschnitten wird, kann das Domino als Lernspiel weiter verwendet werden.

Name	Datum			

Luft! Luft! Luft!

❖ Schaut euch das Bild an! Wo ist überall Luft? Sprecht darüber!

Versuche mit Luft (1)
Was kommt aus der Flasche?

Material:
- eine große Glasschale mit Wasser
- leere Flaschen (ohne Verschluss)

Frage: Was kommt aus der Flasche?

Ich vermute:

____

____

So gehe ich vor:
Ich fülle die Glasschale mit Wasser.
Dann halte ich nacheinander die Flaschen so ins Wasser, dass sie mit der Öffnung nach schräg oben unter Wasser liegen!

Ich beobachte:

____

____

Vergleiche deine Vermutung und deine Beobachtung!

Ich erkläre das so:

____

____

____

Versuche mit Luft (2)
Läuft das Glas mit Wasser voll?

Material:
- ein Becherglas
- eine Wasserschale (hoch)

Frage: Läuft das Glas mit Wasser voll?

Ich vermute:

____

____

So gehe ich vor:
Ich fülle die Wasserschale mit Wasser und tauche das Becherglas wie auf der Zeichnung abgebildet hinein.

Ich beobachte:

____

____

Vergleiche deine Vermutung und deine Beobachtung!

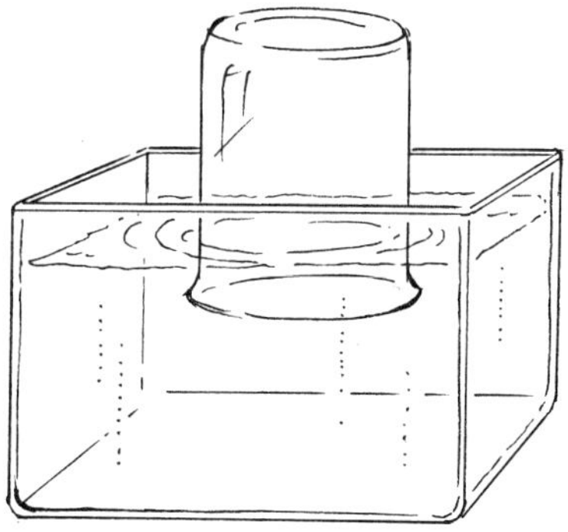

Ich erkläre das so:

____

____

____

Name	Datum			

Luft ist überall

❖ Schreibe auf, wo überall Luft sein kann!
Dabei kannst du die folgenden Wörter einsetzen:
Auto, Aquarium, Ball, Flasche, Glas, Karton, Luftballon, Reifen, Topf, …

Im Haus ist Luft.

Im Zimmer ist Luft.

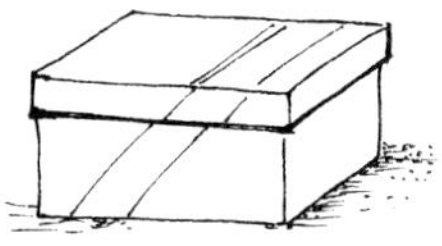

Versuche mit Luft (3)

Was geschieht im Glas?

Material:

- zwei Glasschalen mit Wasser
- Tinte, um das Wasser zu färben
- ein hohes schmales Glas
- Knete
- zwei Kerzen

Frage: Was geschieht? Warum?

Ich vermute:

____

____

____

So gehe ich vor:

Ich mache die Kerzen auf dem Boden der Schalen mit Knete fest. Dann drücke ich Knetkügelchen auf den Rand des Glases. Die Schalen werden mit Wasser gefüllt und die Kerzen angezündet.
Jetzt wird das Glas über eine Kerze in das Wasser gestülpt. Das Glas muss auf der Knete im Wasser stehen. Der Rand muss aber unter Wasser sein.

Ich beobachte:

____

____

____

Vergleiche deine Vermutung und deine Beobachtung!

Ich erkläre das so:

____

____

____

____

Name	Datum			

Wo wird Luft gebraucht?

brauchen
Luft ☐
keine Luft ☐

braucht
Luft ☐
keine Luft ☐

braucht
Luft ☐
keine Luft ☐

braucht
Luft ☐
keine Luft ☐

braucht
Luft ☐
keine Luft ☐

braucht
Luft ☐
keine Luft ☐

braucht
Luft ☐
keine Luft ☐

brauchen
Luft ☐
keine Luft ☐

braucht
Luft ☐
keine Luft ☐

braucht
Luft ☐
keine Luft ☐

braucht
Luft ☐
keine Luft ☐

braucht
Luft ☐
keine Luft ☐

braucht
Luft ☐
keine Luft ☐

braucht
Luft ☐
keine Luft ☐

braucht
Luft ☐
keine Luft ☐

braucht
Luft ☐
keine Luft ☐

❖ Was vermutest du? Kreuze an, was du meinst! Sprecht darüber!

Versuche mit Luft (4)
Wenn Luft eingesperrt wird

Material:
- viele Luftballons
- viel Puste

Frage: Wie viel Luft geht in meinen Luftballon? Was geschieht?

Ich vermute:

So gehe ich vor:

Jedes Kind bekommt einen Luftballon.
Ein Kind zählt langsam bis zehn.
So lange darf jeder den Luftballon aufpusten.
Dann macht jeder einen Knoten unten in seinen Ballon.

Vergleicht eure Luftballons!

Ich beobachte:

Vergleiche deine Vermutungen und deine Beobachtungen!

Ich erkläre das so:

Versuche mit Luft (5)
Warum springt der Ball höher?

Material:
- ein Fußball
- eine Fußballpumpe

Frage: Was geschieht mit dem Ball? Wann springt er am höchsten?

Ich vermute:

So gehe ich vor:

Ich pumpe den Ball mit der Fußballpumpe auf und probiere zwischendurch, wie hoch er springt.
Geht das Pumpen immer leicht?

Ich beobachte:

Vergleiche deine Vermutungen und deine Beobachtungen!

Ich erkläre das so:

Name	Datum			

Was eingesperrte Luft kann

Luft:
- dehnt ☐
- trägt ☐
- federt ☐
- polstert ☐

Luft:
- dehnt ☐
- trägt ☐
- federt ☐
- polstert ☐

Luft:
- dehnt ☐
- trägt ☐
- federt ☐
- polstert ☐

Luft:
- dehnt ☐
- trägt ☐
- federt ☐
- polstert ☐

Luft:
- dehnt ☐
- trägt ☐
- federt ☐
- polstert ☐

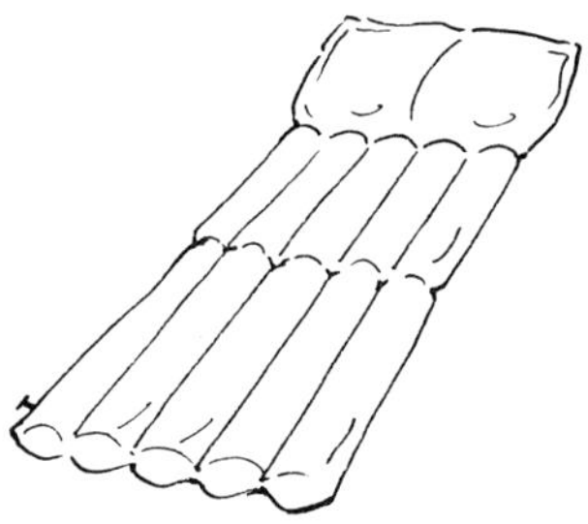

Luft:
- dehnt ☐
- trägt ☐
- federt ☐
- polstert ☐

Luft:
- dehnt ☐
- trägt ☐
- federt ☐
- polstert ☐

Luft:
- dehnt ☐
- trägt ☐
- federt ☐
- polstert ☐

❖ Was vermutest du? Kreuze an!
❖ Macht Versuche und überprüft eure Vermutungen!
❖ Macht den Versuch noch mit anderen Gegenständen!

Versuche mit Luft (6)

Kann Luft tragen?

Material:

- zwei große Bogen Papier

Frage: Kann Luft tragen?

Ich vermute:

____

____

So gehen wir vor:

Den einen Bogen Papier zu einem festen Papierball zusammenknüllen.
Dann steigen zwei Kinder auf einen Stuhl. Das eine hält den Papierball, das andere den Bogen Papier.
Auf ein Zeichen hin lassen beide ihr Papier fallen.
Was geschieht?

Ich beobachte:

____

____

Vergleiche deine Vermutungen und deine Beobachtungen!

Ich erkläre das so:

____

____

____

Versuche mit Luft (7)

Kann Luft bremsen?

Material:

- Regenschirm (geschlossen, offen)

Frage: Kann Luft bremsen?

Ich vermute:

____

____

So gehe ich vor:

Wie kommst du am schnellsten vorwärts?
Probiere aus!

Ich beobachte:

____

____

____

Vergleiche deine Vermutungen und deine Beobachtungen!

Ich erkläre das so:

____

____

____

Name	Datum			

Was fällt? Was schwebt?

fällt ☐
schwebt ☐

fällt ☐
schwebt ☐

fällt ☐
schwebt ☐

fällt ☐
schwebt ☐

fällt ☐
schwebt ☐

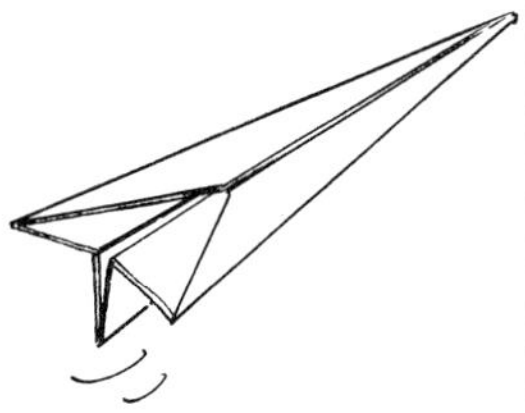

fällt ☐
schwebt ☐

fällt ☐
schwebt ☐

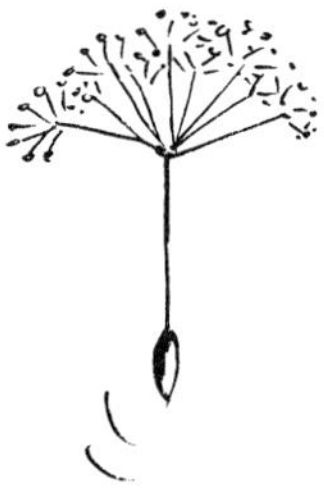

fällt ☐
schwebt ☐

fällt ☐
schwebt ☐

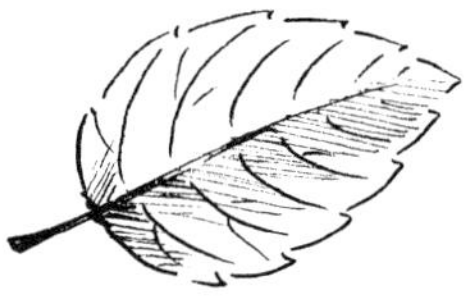

fällt ☐
schwebt ☐

fällt ☐
schwebt ☐

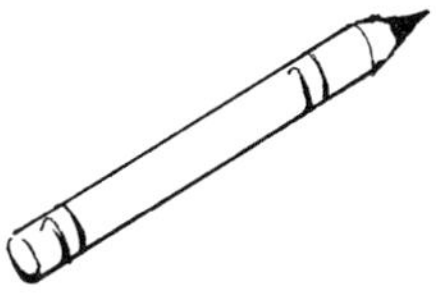

fällt ☐
schwebt ☐

fällt ☐
schwebt ☐

fällt ☐
schwebt ☐

fällt ☐
schwebt ☐

fällt ☐
schwebt ☐

- ❖ Was vermutest du? Kreuze an, was du meinst!
- ❖ Mache die Versuche mit deinem Partner und vergleiche sie mit deinen Vermutungen!
- ❖ Mache die Versuche noch mit anderen Gegenständen!

Name	Datum			

Spiele mit dem Luftballon

- Einen Luftballon in eine Kiste werfen.
- Einen Luftballon über eine Leine werfen.
- Einen Luftballon durch einen Ring werfen.

- Einen Luftballon zehnmal hintereinander in die Luft schubsen.
- Einen Luftballon auf den Boden legen und darüber hüpfen.
- Einen Luftballon um den eigenen Körper herumführen.

- Zu zweit einen Luftballon zwischen euch nehmen und in ein Ziel bringen.
- Einen Luftballon mit einem Kochlöffel in ein Ziel bringen.
- Zu zweit Kopf an Kopf einen Luftballon zwischen euch nehmen und über einige Hindernisse steigen.

- Einen Luftballon mit einem Finger hochhalten.
- Einen Luftballon auf der flachen Hand halten.
- Einen Luftballon auf dem Handrücken hochheben.
- Einen Luftballon einem Mitspieler zuwerfen.

- Mit einem Luftballon zwischen den Beinen ein Ziel erreichen.
- Einen Luftballon hinter dem Rücken hochwerfen und wieder auffangen.
- Einen Luftballon auf der Hand um ein Ziel tragen und einem Mitspieler für die gleiche Übung

- Findet eigene Spiele!

Name	Datum			

Was noch alles in der Luft ist

Wasser ist in der Luft.
Wenn Wasser kocht, wenn die Wäsche auf der Leine trocknet, immer geht Wasser in die Luft.

Viel Dreck ist in der Luft.
Das Auto stößt Abgase aus.
Es wird Staub aufgewirbelt.
Schwarzer Rauch kommt aus dem Kamin.
Alles landet in der Luft.

Ein Duft liegt in der Luft.
Ohne Luft würden wir nichts riechen.
Alle Gerüche werden von der Luft in die Nase getragen.

Voll von Klängen und Geräuschen ist die Luft.
Ohne Luft würden wir nichts hören.
Alle Geräusche werden von der Luft in die Ohren getragen.

❖ Schneide die Textkarten aus, ordne sie richtig zu und klebe sie auf!

Name	Datum			

Luft-Domino

Anfang	Er kann ohne Luft nicht springen.
	Er wird von der Luft getragen.
	So kann ich die Luft spüren.
	Ihr Duft wird von der Luft getragen.
	Hier nimmt die Luft Wasser auf.
	Hier nutzen wir die Kraft der Luft.
	Hier sperren wir die Luft ein.
	Hier wird Dreck in die Luft gepustet.
	Hier werden Klänge von der Luft getragen.
	Sie schweben in der Luft.
	Sie nutzen die Luft zum Fliegen.
	**Ende**

6 Von den Magneten

Überlegungen und Anregungen zur Didaktik und Methode:

Elementare Erfahrungen mit Magneten machen

Tragfähige Grundlagen *Die Kinder …*			Bemerkungen
Kenntnisse	**Fertigkeiten / Fähigkeiten**	**Einstellungen / Haltungen**	
Auf der Suche nach Magneten			**S. 76**
• spüren Magnetkraft in der Lebenswirklichkeit auf.	• spüren Anwendungen von Magneten in der Umgebung auf. • zeichnen die Ergebnisse auf und beschreiben sie.	• bauen eine Fragehaltung gegenüber Kräften der Natur auf.	Es ist ratsam, einige Beispiele der Anwendung von Magneten mitzubringen und die Funktion zu problematisieren. Erst dann können die Kinder auf die Suche geschickt werden. Vielleicht ist es auch möglich, einen Ausstellungstisch aufzubauen.
Magnete haben eine unsichtbare Kraft			**S. 77**
• lernen Magnetkraft als eine von vielen Naturkräften kennen. • beschreiben eigene Wahrnehmungen.	• benennen Naturkräfte und unterscheiden sie.	• entwickeln Interesse für Naturkräfte.	Hier soll den Kindern verdeutlicht werden, dass es sich um eine Kraft handelt. Es sollten möglichst viele „Kraftakte" von den Kindern durchgeführt werden.
Verschiedene Magneten			**S. 78**
• unterscheiden verschiedene Magneten. • aktualisieren ihr Vorwissen.	• erkennen Zusammenhänge zwischen Formen und Namen.	• nehmen Magnetkraft bewusst wahr.	Magnete müssen unbedingt getrennt von anderen Eisenteilen gelagert werden, da diese sonst magnetisch werden und für Versuche nicht mehr geeignet sind.
Versuche mit Magneten (1) – Magnete ziehen nicht alles an			**S. 79**
• erfahren, dass Magnete Dinge aus Eisen und solche, die Eisen enthalten, anziehen.	• planen einen Versuch, führen ihn durch und dokumentieren ihn. • stellen Hypothesen auf. • überprüfen Vermutungen.	• entwickeln Offenheit und Wissbegier gegenüber Sachverhalten der Natur.	Hier können die Kinder entdeckend alles testen, was sie wollen. Weitere Ergebnisse werden in einer eigenen Tabelle festgehalten.
Versuche mit Magneten (2) – Welcher Magnet ist der stärkste?			**S. 80**
• erfahren durch Versuche, welcher Magnet am stärksten ist.	• überprüfen die Wirksamkeit verschiedener Magnete und vergleichen sie.	• entwickeln eine Fragehaltung gegenüber der Magnetkraft.	Es bietet sich an, die Kinder in Vierergruppen arbeiten zu lassen. Drei Kinder bekommen einen Magneten, das vierte Kind führt Protokoll. Zwischendurch wird gewechselt.

Tragfähige Grundlagen *Die Kinder …*			Bemerkungen
Kenntnisse	**Fertigkeiten / Fähigkeiten**	**Einstellungen / Haltungen**	
Sind unsere Münzen magnetisch?			**S. 81**
• erfahren, welche Münzen magnetisch sind.	• überprüfen ihre Vermutungen. • halten die Ergebnisse fest und begründen sie.	• entwickeln eine Fragehaltung.	Hier geht es darum Gegenstände aus dem Alltag zu überprüfen. Wichtig ist, dass auch die Vermutungen sorgfältig notiert werden.
Versuche mit Magneten (3) – Wie stark ist der Magnet?			**S. 82**
• erproben durch Versuche, wie stark die Magnete sind.	• planen den Versuch und führen ihn durch. • werden zu weiteren Versuchen angeregt.	• entwickeln eine Fragehaltung.	
Versuche mit Magneten (4) – Wirkt ein Magnet durch andere Stoffe?			**S. 83**
• erfahren, dass Magnete auch durch andere Stoffe hindurch ihre Kraft ausüben.	• führen den Versuch durch. • halten die Ergebnisse fest.	• lernen kreativen Umgang mit Material.	Die Spalte Material wurde bewusst offen gelassen, damit die Kinder mit möglichst unterschiedlichem Material experimentieren. Anregend kann der Hinweis wirken, die Stärke des Materials zu verändern.
Katze und Maus – Spiel			**S. 84**
• wenden ihre Erfahrungen in einem Spiel an.	• bereiten Spielmaterial auf. • führen das Spiel durch. • denken sich Spielregeln aus.	• stellen sich im Spiel auf andere ein.	Es empfiehlt sich, den Spielplan auf Karton zu vergrößern. Die Kinder sollten erst einige Versuche mit den Spielfiguren machen, bevor sie sich eine Spielregel ausdenken.
Versuche mit Magneten (5) – Auf welche Entfernung wirken Magnete?			**S. 85**
• erproben durch Versuche, auf welche Entfernung Magnetkraft wirkt.	• führen einen Versuch durch und halten das Ergebnis fest.	• erfahren, dass ein Versuch zu weiteren Erkenntnissen führen kann.	Dieser Versuch ist am besten mit einem Partner durchzuführen.
Ein Magnet hat zwei Pole			**S. 86**
• wissen, dass die Magnete zwei Pole haben. • wissen, dass die Magnetkraft an den Polen am stärksten ist. • erfahren, dass gleiche Pole sich abstoßen.	• experimentieren mit Magneten und entdecken Gesetzmäßigkeiten.	• entwickeln Interesse für Phänomene der Natur.	
Spiele mit Magneten			**S. 87**
• nutzen Erfahrungen mit Magneten bei der Herstellung eines Angelspiels.	• basteln nach Anweisung ein Angelspiel und gestalten es. • entwickeln Spielregeln.	• gewinnen Freude am Spiel. • arbeiten mit Partnern zusammen.	Vielleicht haben die Kinder noch andere Ideen, wie Magnete für Unterrichts- und Spielmaterial genutzt werden können.
Was hast du über Magnete gelernt?			**S. 88**
• wenden erworbene Kenntnisse an und weisen diese nach.	• wenden Gelerntes an und überprüfen es.		Den Kindern soll bewusst werden, was sie in dieser Einheit gelernt haben.

Name	Datum			

Auf der Suche nach Magneten

Für deine Arbeit brauchst du nur eine Büroklammer aus Metall.
Damit kannst du auf Spurensuche gehen.

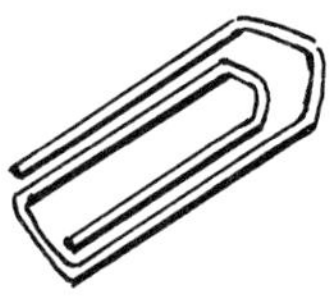

❖ Zeichne oder schreibe auf, wo du Magnete gefunden hast!

Name	Datum			

Magnete haben eine unsichtbare Kraft

❖ Um etwas festzuhalten, brauchst du Kraft.
Probiere das mit einem Buch, deinem Schulranzen, …

Ein Magnet braucht zum Festhalten auch ______________________.

Diese nennt man **Magnetkraft**.

❖ Es gibt noch andere Kräfte.

Ordne den Bildern die richtigen Begriffe zu, indem du die passende Nummer einträgst!

Windkraft ①

Solarkraft (= Kraft der Sonne) ②

Wasserkraft ③

Muskelkraft ④

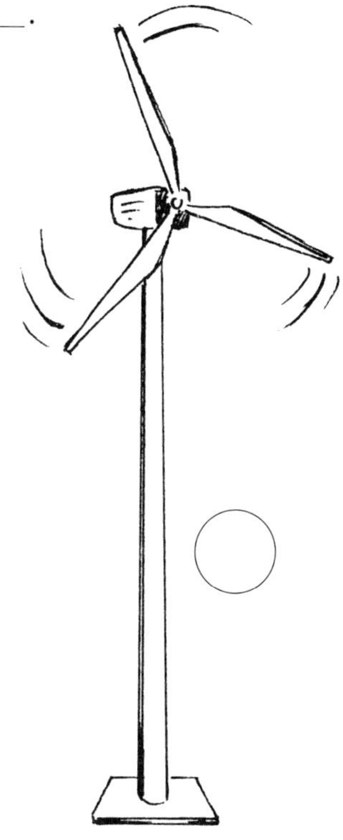

Name	Datum			

Verschiedene Magneten

Findest du den richtigen Namen?
Die Magnete sind nach ihrer Form benannt.

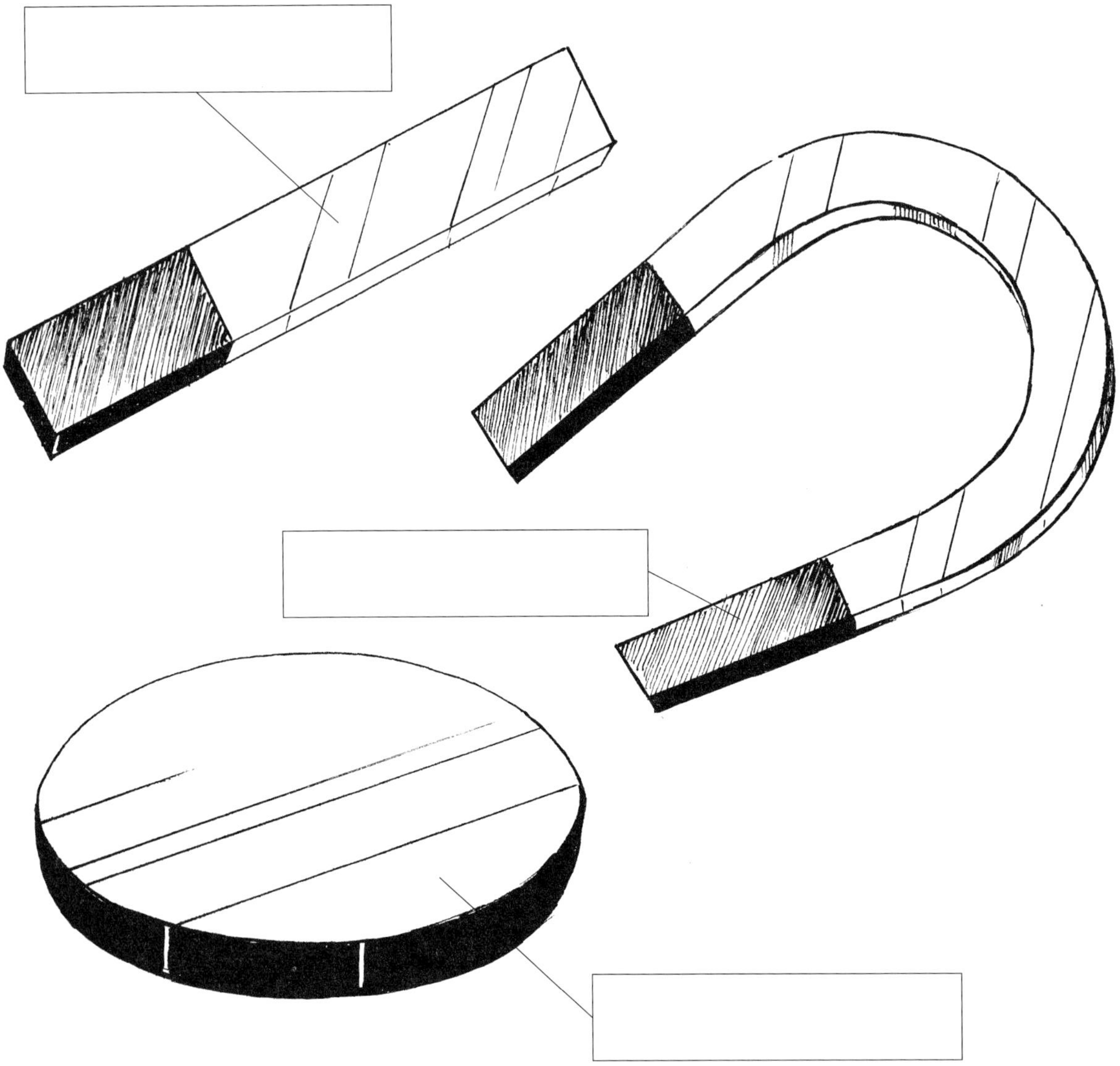

❖ Ordne die Namen richtig zu!

Hufeisenmagnet	Scheibenmagnet	Stabmagnet

Versuche mit Magneten (1)

Magnete ziehen nicht alles an

Material:

Du brauchst einen Korb mit den Gegenständen, die unten abgebildet sind.

Frage: Welche Gegenstände werden vom Magneten angezogen?

Ich vermute: Nachdem ich mir überlegt habe, aus welchem Material die Gegenstände sind, trage ich meine Vermutung in die Tabelle ein.

So gehe ich vor: Ich teste mit einem Magneten, ob die einzelnen Gegenstände angezogen werden.

	Gegenstand	**Material**	**Wird der Gegenstand angezogen** **Ich vermute**		**Ich beobachte**	
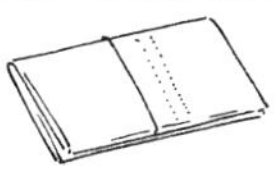	Taschentuch		☐ ja	☐ nein	☐ ja	☐ nein
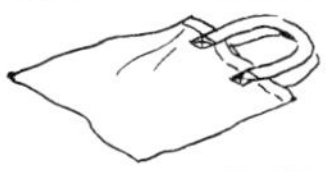	Tasche		☐ ja	☐ nein	☐ ja	☐ nein
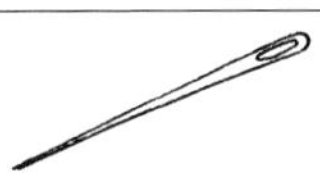	Nadel		☐ ja	☐ nein	☐ ja	☐ nein
	Kiesel		☐ ja	☐ nein	☐ ja	☐ nein
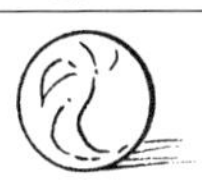	Murmel		☐ ja	☐ nein	☐ ja	☐ nein
	Büroklammer		☐ ja	☐ nein	☐ ja	☐ nein
	Strickgarn		☐ ja	☐ nein	☐ ja	☐ nein
	Korken		☐ ja	☐ nein	☐ ja	☐ nein
	Schraube		☐ ja	☐ nein	☐ ja	☐ nein
	Zweig		☐ ja	☐ nein	☐ ja	☐ nein

Material: Glas, Kork, Gold, Papier, Holz, Stoff, Aluminium, Eisen, Styropor, Wachs, Knete, Stein, Wolle, Pappe

Vergleiche deine Vermutung und deine Beobachtung!

Ich erkläre das so:

____

____

Versuche mit Magneten (2)

Welcher Magnet ist der stärkste?

Material:

- verschiedene Magnete
- durchsichtige Tüten mit Nägeln, Büroklammern etc.
- eine Waage

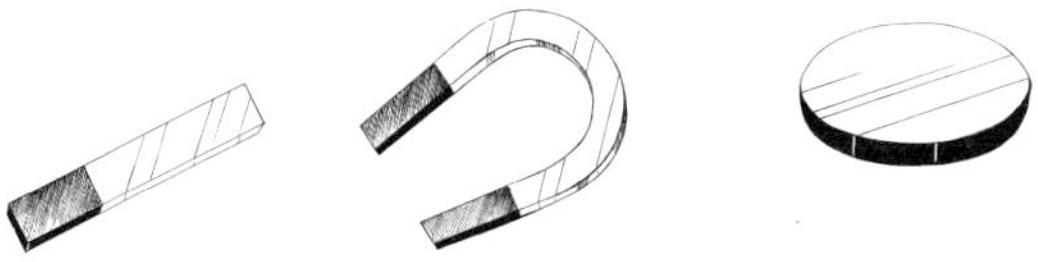

Frage: Welcher Magnet ist der stärkste?

Ich vermute:

____

____

So gehe ich vor:

- Ich fülle die Tüten mit Nägeln, Büroklammern etc. und schließe sie mit einem Gummi.
- Ich messe das Gewicht der Tüten auf der Waage und trage es in die Tabelle ein.
- Ich probiere, ob die einzelnen Magnete die Tüten anziehen und tragen.
- Ich verändere das Gewicht.
- Ich trage das veränderte Gewicht in die Tabelle ein.

Kreuze an, welcher Magnet das Gewicht trägt!

Tüte mit	Gewicht	Hufeisenmagnet	Stabmagnet	Scheibenmagnet

Ich beobachte:

____

____

Vergleiche deine Vermutungen und deine Beobachtungen!

Ich erkläre das so:

____

____

Name	Datum

Sind unsere Münzen magnetisch?

- ❖ Male die Münzen in den richtigen Farben aus!
- ❖ Notiere deine Vermutung mit Bleistift!
- ❖ Prüfe mit dem Magneten und trage die Ergebnisse mit einem anderen Stift in die Tabelle ein!
- ❖ Stimmen deine Vermutungen?

Münze	**besteht aus:**	**Vermutung: Wird die Münze angezogen?**	**Beobachtung: Wird die Münze angezogen?**
	Eisen mit Kupferauflage	☐ nein ☐ ja	☐ nein ☐ ja
	Eisen mit Kupferauflage	☐ nein ☐ ja	☐ nein ☐ ja
	Eisen mit Kupferauflage	☐ nein ☐ ja	☐ nein ☐ ja
	nordisches Gold	☐ nein ☐ ja	☐ nein ☐ ja
	nordisches Gold	☐ nein ☐ ja	☐ nein ☐ ja
	nordisches Gold	☐ nein ☐ ja	☐ nein ☐ ja
	innen: Kupfer + Nickel außen: Nickel + Messing	☐ nein ☐ ja	☐ nein ☐ ja
	innen: Nickel + Messing außen: Kupfer + Nickel	☐ nein ☐ ja	☐ nein ☐ ja

Versuche mit Magneten (3)

Wie stark ist der Magnet?

Versuch 1

Material:

- ein Magnet
- ein Schälchen mit Büroklammern

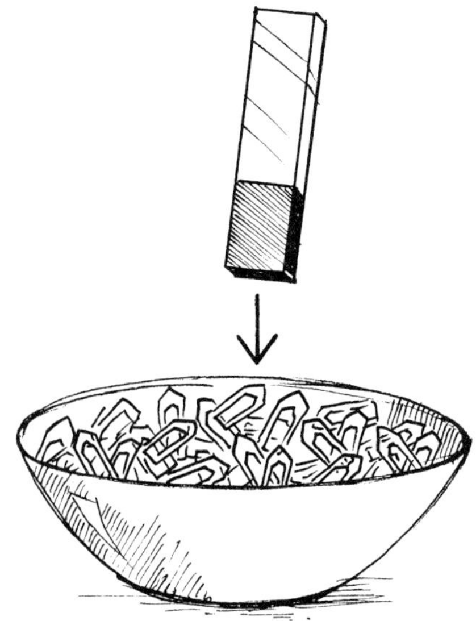

Frage: Wie viele Büroklammern kann der Magnet halten?

Ich vermute: ____________ Stück

So gehe ich vor:

Ich halte den Magneten in das Schälchen mit Büroklammern und ziehe ihn dann hoch.

Ich beobachte: ____________ Stück

Kannst du noch mehr anhängen?
Probiere es!

Ich stelle fest:

Der Stabmagnet kann ______ Büroklammern halten.

Versuch 2

Ich bilde eine Kette von Büroklammern

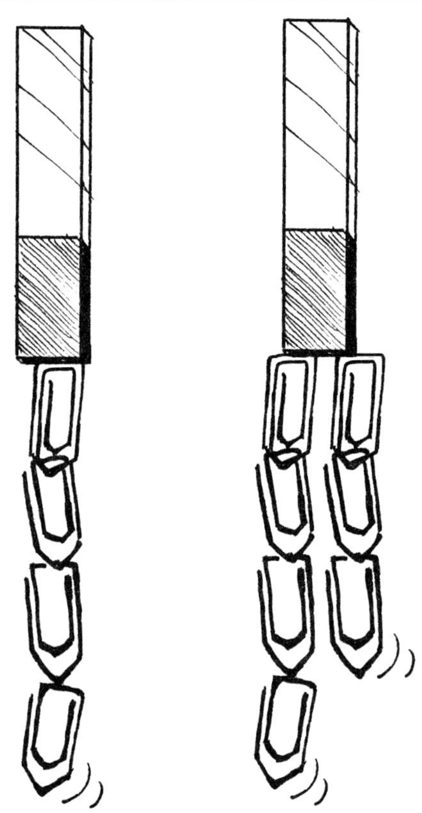

Frage: Wie viele Büroklammern können angehängt werden?

Ich vermute: ____________ Stück

Ich beobachte: ____________ Stück

Versuch 3

Frage: Trägt der Magnet auch mehrere Ketten?

Ich vermute: ☐ ja ☐ nein

Ich beobachte: Er trägt __________ Ketten

Wie lang konnten die Ketten werden?

Kette 1: __________ Büroklammern

Kette 2: __________ Büroklammern

Vergleiche deine Vermutung und deine Beobachtung!

Versuche mit Magneten (4)

Wirkt ein Magnet durch andere Stoffe?

Material:

- Stoff, Papier, Pergamentpapier, Packpapier
- Plastikfolie, Alufolie, Kupferfolie
- Holz, Glas, Watte, Kork

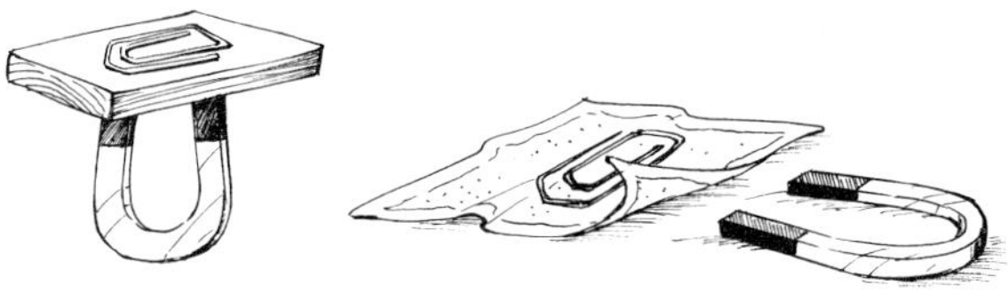

Frage: Wird die Büroklammer auch durch anderes Material hindurch angezogen?

Ich vermute: Trage deine Vermutungen in die Tabelle ein!

So gehe ich vor: Ich wickle die Büroklammer in das Material ein oder lege sie darauf. Dann setze ich nacheinander den Stab- oder den Hufeisenmagnet ein.

Ich beobachte: Trage das Ergebnis deiner Beobachtungen in die Tabelle ein!

	Ich vermute: Die Büroklammer wird		**Ich beobachte: Die Büroklammer wird**	
Material	**angezogen**	**nicht angezogen**	**angezogen**	**nicht angezogen**

Vergleiche deine Vermutung und deine Beobachtung!

Ich erkläre das so:

Name	Datum			

Katze und Maus – Spiel

- ❖ Spielfeld und Spielfiguren auf Pappe kleben, ausschneiden und bemalen.
- ❖ Spielfiguren mit Knetkügelchen auf je ein 2-Cent-Stück setzen.
- ❖ Spielregel ausdenken.
- ❖ Figuren von unten mit Hilfe von Magneten führen.

Versuche mit Magneten (5)

Auf welche Entfernung wirken Magnete?

Versuch 1

Material:

- Stabmagnet
- Büroklammer
- Lineal
- dünner Faden

Frage: Bei welcher Entfernung wird die Büroklammer vom Magneten angezogen?

Ich vermute: Die Büroklammer wird bei einer Entfernung von ________ cm angezogen.

So gehe ich vor: Ich schiebe den Magneten langsam am Lineal entlang.

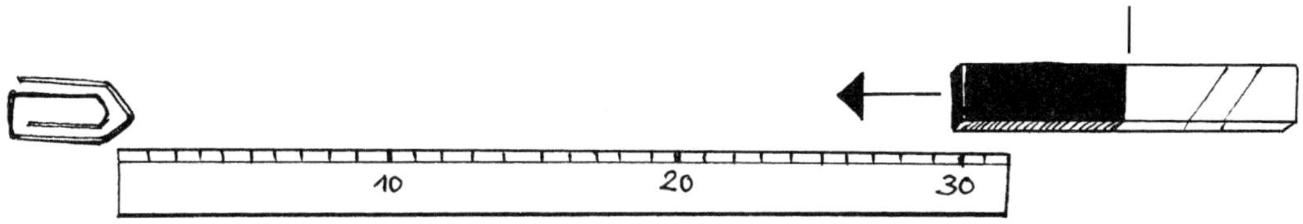

Ich beobachte: Die Büroklammer wird bei einer Entfernung von ________ cm angezogen.

Vergleiche deine Vermutung und deine Beobachtung!

Der Unterschied beträgt ________ cm.

Versuch 2

Frage: Kann der Magnet die Büroklammer anziehen?

Ich vermute:

____

____

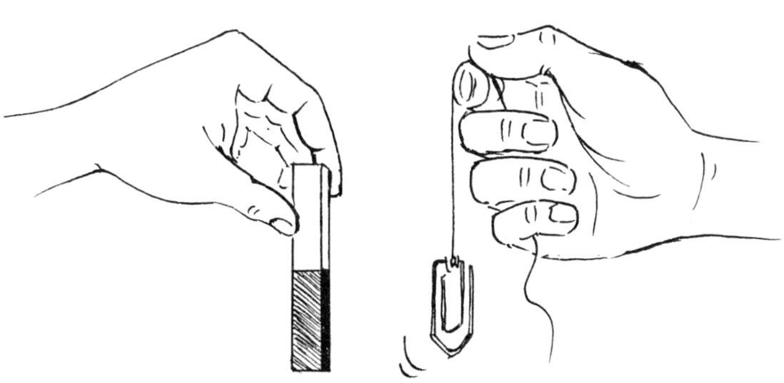

So gehe ich vor:

Ich binde eine Büroklammer an einen dünnen Faden und halte ihn in die Nähe des Magneten.

Ich beobachte:

____

____

Vergleiche deine Vermutung und deine Beobachtung!

Name	Datum			

Ein Magnet hat zwei Pole

Die Erde ist ein riesiger Magnet.
Sie hat zwei unterschiedliche magnetische Pole: den magnetischen Nordpol und den magnetischen Südpol. Diese liegen aber nicht an den Stellen, die wir sonst als Nordpol und Südpol bezeichnen.

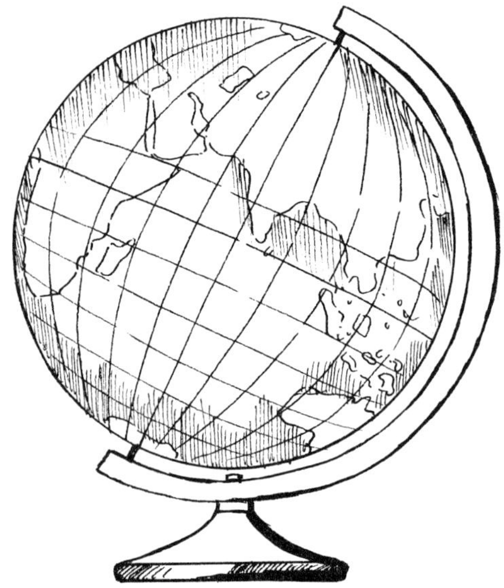

Auch ein Magnet hat zwei Pole.

Frage: Wie wirken die beiden Pole?

Probier es aus:

Ich schiebe die beiden Magnete aufeinander zu.

Ich beobachte:

Die beiden Magnete [ziehen sich an] [stoßen sich ab]

Mache noch eine Probe! Drehe einen der Magnete um!

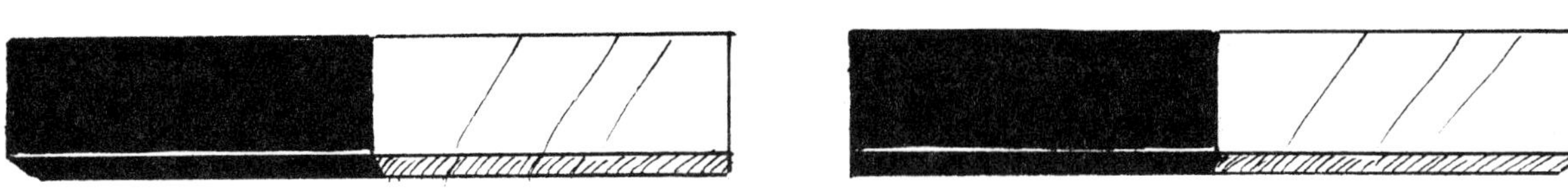

Die beiden Magnete [ziehen sich an] [stoßen sich ab]

Ergebnis: gleiche Pole ______________________________

ungleiche Pole ______________________________

Name	Datum			

Spiele mit Magneten

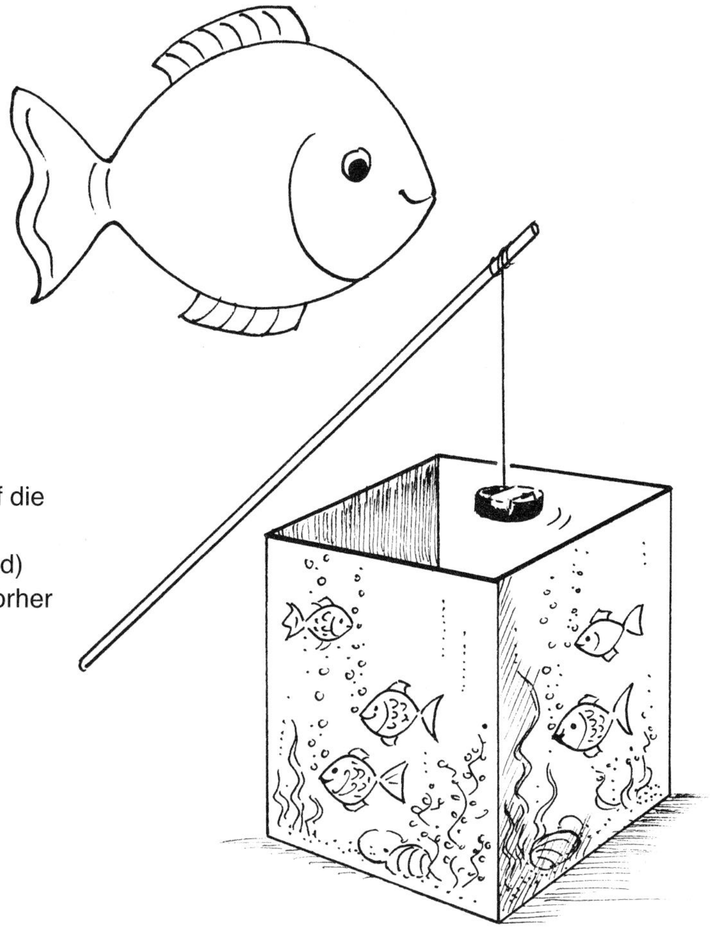

Angelspiel

Material:

leerer Karton, Holzstab, Bindfaden,
weiße Pappe, Buntstifte, 15–20 Kronkorken,
Magnet, Klebeband

So wird es gemacht:

- 15–20 Fische zeichnen, bemalen, ausschneiden
- in die Kronkorken Zahlen schreiben und auf die Rückseite der Fische kleben
- Magnet an Bindfaden befestigen (Klebeband)
- Bindfaden an Holzstab binden (Stab evtl. vorher etwas einkerben)
- vielleicht Karton gestalten (blaues Papier, Fische, Wasserpflanzen)

Spielregeln:

Jeder angelt nacheinander einen Fisch. Nach drei oder vier Runden werden die Zahlen auf den Kronkorken addiert. Der Mitspieler mit der höchsten Punktzahl hat gewonnen.

Rechenspiel

So wird es gemacht:

- In ungefähr 30 Kronkorken Rechenaufgaben schreiben
- Reihum einmal angeln
- Jeder notiert das Ergebnis seiner Aufgabe
- Bei der zweiten Runde das Ergebnis hinzuaddieren
- Vorher festlegen wer gewinnt: höchstes oder niedrigstes Ergebnis, wer zuerst bei einer bestimmten Zahl ist, z. B. 30 oder 50

Name	Datum			

Was hast du über Magnete gelernt?

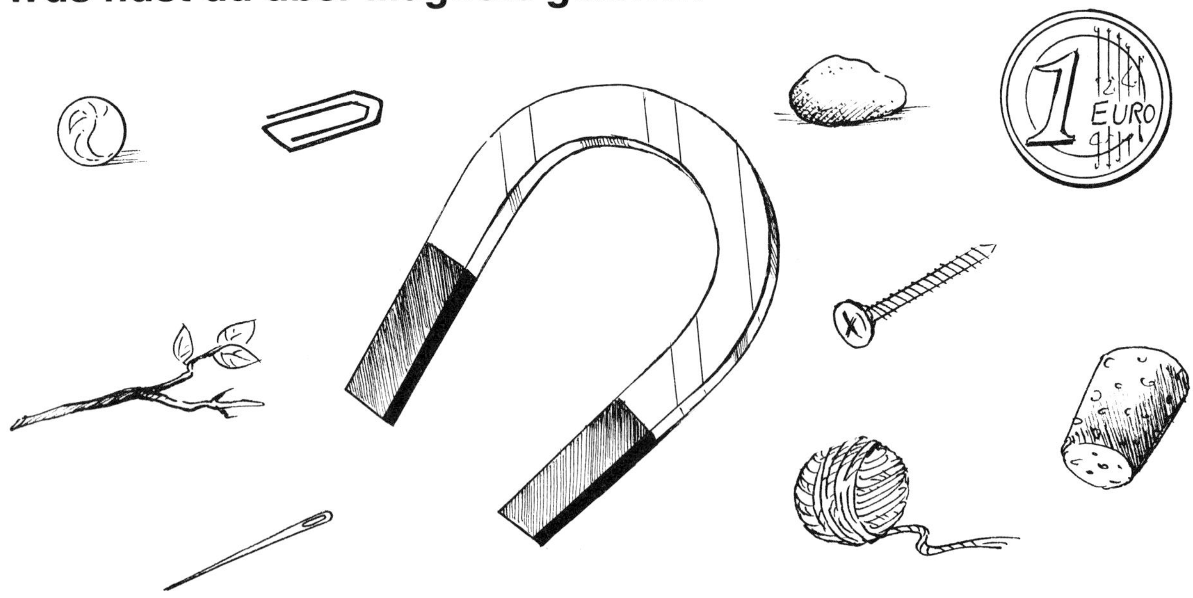

1. Verbinde alle Gegenstände, die angezogen werden, mit dem Magneten!

2. Aus welchem Material sind die Gegenstände, die von Magneten angezogen werden? ______________________________

____

3. Es gibt verschiedene Magnete. Schreibe sie auf! ______________________________

____

____

4. Wie heißen die Enden eines Magnetes? ______________________________

5. Wie heißt die Kraft, die von Magneten ausgeht? ______________________________

6. Nenne einige Stoffe, durch welche hindurch ein Magnet wirkt? ______________________________

____

____

7. Wo wird die Magnetkraft genutzt? ______________________________

____

____

7 Alle meine Sinne

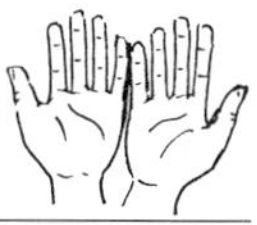

Überlegungen und Anregungen zur Didaktik und Methode:

Elementare Erfahrungen mit den fünf menschlichen Sinnen machen

Tragfähige Grundlagen *Die Kinder …*			**Bemerkungen**
Kenntnisse	**Fertigkeiten/ Fähigkeiten**	**Einstellungen/ Haltungen**	
Unsere Sinne nehmen die Umwelt wahr			**S. 92**
• sich bewusst machen, dass verschiedene Sinne erforderlich sind, um die sie umgebende Wirklichkeit wahrzunehmen.	• entnehmen einem Bild Informationen. • problematisieren diese Informationen.	• lassen sich auf eine Aufgabenstellung ein. • gebrauchen ihre Sinne bewusster und intensiver.	Das Bild ist als Einstieg in das Thema gedacht. Die Kinder sollen sich bewusst werden, dass sie alle Sinne brauchen, um die Umwelt wahrzunehmen. Lassen Sie die Kinder viele reale Situationen erleben und diese beschreiben.
Meine Sinne (Lied)			**S. 93**
• erfahren spielerisch die Leistung der Sinne. • singen das Lied. • machen sich die Leistung ihres Körpers/ihrer Sinne bewusst.	• greifen die Gedanken des Liedes auf und sprechen mit anderen darüber.	• haben Freude am Singen. • erkennen, dass unsere Sinne uns den ganzen Tag Eindrücke vermitteln.	Das Lied greift die Leistung der Sinne auf und kann so die Arbeit zu diesem Thema begleiten, indem bei jedem neuen Sinn die passende Strophe eingeführt wird.
Wahrnehmen mit mehreren Sinnen			**S. 94**
• erfahren, dass etwas mit mehreren Sinnen wahrgenommen wird.	• bearbeiten das Arbeitsblatt. • gestalten selbst weitere Bilder. • erkennen Zusammenhänge.	• entwickeln Neugierde über die Zusammenarbeit der Sinne bei der Wahrnehmung. • nehmen bewusster wahr.	Das offene Bild mehrfach kopieren und von den Kindern andere Gegenstände einzeichnen lassen. Die Karten nach der Anzahl der bei der Wahrnehmung beteiligten Sinne ordnen.
Was meine Augen alles können			**S. 95**
• wissen, was die Augen leisten.	• überprüfen die Leistung der Augen in Alltagssituationen.	• entwickeln Wissbegier über die Leistung der Augen.	Die Wahrnehmung von den Kindern testen lassen. Mit den Kindern „Blinde Kuh“, „Ich sehe was, was du nicht siehst“ o. Ä. spielen.
Schau genau hin!			**S. 96**
• wissen, dass man genau hinschauen muss. • können Unterschiede wahrnehmen.	• erkennen Gemeinsamkeiten und Unterschiede.	• probieren aus, staunen, zweifeln und entdecken. • können eine kritischere Haltung zu Bildern, Informationen etc. aufbauen.	Ähnliche Bilder aus Zeitungen und Zeitschriften sammeln lassen, auf Karteikarten kleben und zur freien Arbeit bereithalten.
Lass dich nicht täuschen!			**S. 97**
• lernen das Phänomen der optischen Täuschung kennen.	• interessieren sich für Naturerscheinungen.	• werden zu einer Fragehaltung angeregt. • werden zum Überprüfen angeregt.	

Tragfähige Grundlagen *Die Kinder ...*			Bemerkungen
Kenntnisse	**Fertigkeiten / Fähigkeiten**	**Einstellungen / Haltungen**	
Noch besser sehen			**S. 98**
• erfahren, dass Sehhilfen sehr nützlich sein können.	• erkennen Zusammenhänge und schätzen sie ein.	• werden zum Schutz der Augen angeregt.	Hier sollten die Kinder die Möglichkeit haben, solche Sehhilfen selbst zu erproben.
Kein Auge zudrücken! Gefahren für die Augen!			**S. 99**
• entdecken falsches Verhalten in Alltagssituationen.	• überprüfen Alltagssituationen und schätzen sie ein.	• werden auf eigenes Fehlverhalten aufmerksam. • lernen richtiges Verhalten.	Die Situation nachspielen und von den Kindern korrigieren lassen.
Geräusche			**S. 100**
• schätzen Hörwahrnehmungen als angenehm oder unangenehm ein.	• entwickeln Kriterien für das Hören von Geräuschen.	• schätzen Geräusche ein. • wenden Kriterien an. • merken, dass eigene Wahrnehmungen als angenehm/unangenehm gespeichert sind und schätzen diese Gedächtnisleistung.	Vor dem Einsatz des Arbeitsblattes Geräusche machen und von den Kindern einschätzen lassen. Kriterien für das Hören entwickeln.
Ich bin ein „Ohrschützer“			**S. 101**
• lernen Schutzregeln für die Ohren kennen.	• benennen Situationen, in denen die Ohren geschützt werden müssen.	• werden für den Schutz der Sinnesorgane sensibilisiert.	Die Kinder sollten erfahren, dass zu laute Musik z. B. dem Gehör schadet.
Spiele mit Geräuschen (1) – Geräusche-Landkarte **Spiele mit Geräuschen (2) – Geräusche-Memory**			**S. 102** **S. 102**
• nehmen unterschiedliche Geräusche wahr. • schulen ihr Hörgedächtnis.	• sammeln Erfahrungen und listen sie auf. • finden Ordnungskriterien. • besprechen Ergebnisse.	• werden für Geräusche aus der Umwelt sensibilisiert. • trainieren das Hörgedächtnis.	Es empfiehlt sich, Kriterien für das Hören, wie laut, leise, schrill, dumpf, nah, fern usw. zu sammeln und auf Kärtchen zu schreiben. Diese können einzelnen Geräuschen zugeordnet werden.
Spiele mit Geräuschen (3) – Hörtest **Spiele mit Geräuschen (4) – Richtungshören**			**S. 103** **S. 103**
• testen die Leistungsfähigkeit des eigenen Hörens. • schulen das Richtungshören.	• überprüfen die eigene Hörfähigkeit.	• trainieren das Richtungshören.	

Tragfähige Grundlagen *Die Kinder …*			Bemerkungen
Kenntnisse	**Fertigkeiten / Fähigkeiten**	**Einstellungen / Haltungen**	
Viele Gerüche – nicht nur in der Küche			**S. 104**
• erfahren, welche unterschiedlichen Gerüche es geben kann. • ordnen die Geruchseindrücke als angenehm oder unangenehm ein.	• nehmen Gerüche wahr und schätzen sie ein. • sprechen mit anderen über die Einschätzung.	• sind offen für die Vielfalt von Geruchswahrnehmungen.	Es ist schwer, Gerüche genau zu beschreiben. Darum ist zunächst die Unterscheidung zwischen angenehm und unangenehm angebracht. Diese ist aber sehr subjektiv. Darum muss über das Ergebnis gesprochen werden.
Nicht alles schmeckt gleich			**S. 105**
• kennen die verschiedenen Geschmacksrichtungen und benennen sie.	• machen bewusst Alltagserfahrungen und überprüfen sie.	• sind offen für die Vielfalt der Geschmackswahrnehmungen.	Auch über Geschmack lässt sich streiten. Hier sollte auf den Zusammenhang mit dem Sehen hingewiesen werden. Ein mit Lebensmittelfarbe giftgrün gefärbter Kuchen regt nicht zum Essen an. Mit verbundenen Augen Geschmacksproben machen.
Fühlen mit der Haut			**S. 106**
• lernen Unterschiede in der Empfindsamkeit kennen.	• erkennen Gemeinsamkeiten und Unterschiede.	• werden zu einer Fragehaltung angeregt. • überlegen, was sie (wirklich) berührt.	Die Wahrnehmungen der Haut sollten sehr konkret erkundet werden.
Kein Schmutz, sondern Schutz			**S. 107**
• lernen die Haut als Sinnesorgan kennen.	• beobachten genau. • fertigen Sachzeichnungen an.	• erlangen eine Einsicht in Pflege und Schutz der Haut.	Hier könnte noch einmal über den Schutz und die Pflege der Sinne und des ganzen Körpers gesprochen werden. Ein Ausstellungstisch könnte deutlich machen, was in welchen Situationen angebracht ist.
Mit Gesicht, Händen und Füßen fühlen			**S. 108**
• erfahren spielerisch die Vielfalt von Gefühlseindrücken.	• führen einfache Tests durch. • dokumentieren Ergebnisse.	• lassen sich auf die Tests ein. • bringen Erfahrungen zum Ausdruck.	Es ist wichtig, die Fühlerfahrungen zu benennen. Auch hier könnte eine „Fühlkartei" gute Dienste tun.
Was hast du über die Sinne gelernt?			**S. 109**
• überprüfen den eigenen Wissensstand.	• füllen einen Testbogen aus.	• sind bereit, das eigene Wissen zu überprüfen.	Natürlich gibt es viele andere Möglichkeiten das Wissen zu überprüfen.

Name	Datum

Unsere Sinne nehmen die Umwelt wahr

❖ Schaue dir das Bild an! Welche Sinne werden hier gebraucht (sehen – hören – riechen – schmecken – fühlen)? Erzähle!

Name	Datum	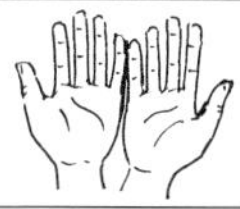		

Meine Sinne

Melodie und Text:
Mona Dechant

2. Ich brauche meine Sinne,
wenn ich den Tag beginne.
Die Augen seh'n den Sonnenschein.
Das wird ein schöner Tag heut' sein.

3. Ich brauche meine Sinne,
wenn ich den Tag beginne.
Die Nase riecht den Brötchenduft
und auch die frische Morgenluft.

4. Ich brauche meine Sinne,
wenn ich den Tag beginne.
Mein Frühstück schmeckt mir immer sehr,
heut' esse ich vom Obst noch mehr.

5. Ich brauche meine Sinne,
wenn ich den Tag beginne.
Ich fühle meinen Pulli fein,
die Socken werden warm gleich sein.

6. Doch nicht allein am Morgen,
erspar'n sie mir viel Sorgen!
Sie nutzen mir den ganzen Tag,
darum ich sie stets schützen mag.

M. Dechant

- ❖ Überlegt, welche Bewegungen ihr zu den einzelnen Strophen machen könnt!
- ❖ Sprich mit deinen Eltern und Freunden über die Sinne: Was sie können und wie man sie schützen kann.
- ❖ Schreibe 5 Minuten lang auf, was du siehst, hörst, fühlst, riechst und schmeckst!
- ❖ Kannst du alles notieren?

Name	Datum	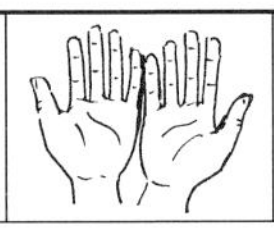		

Wahrnehmen mit mehreren Sinnen

Wenn wir etwas wahrnehmen, sind meistens mehrere Sinne beteiligt.

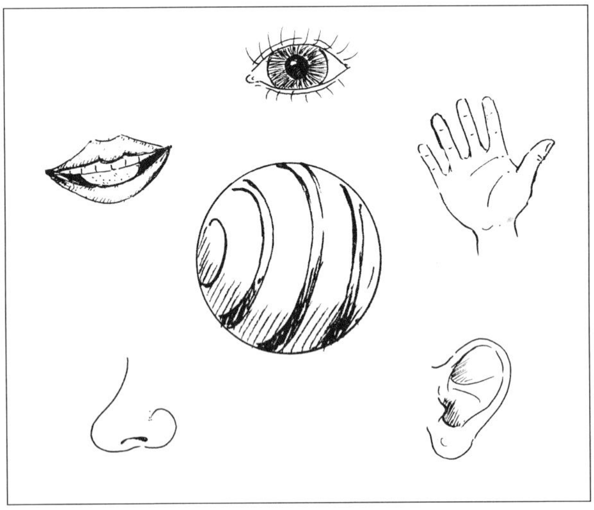

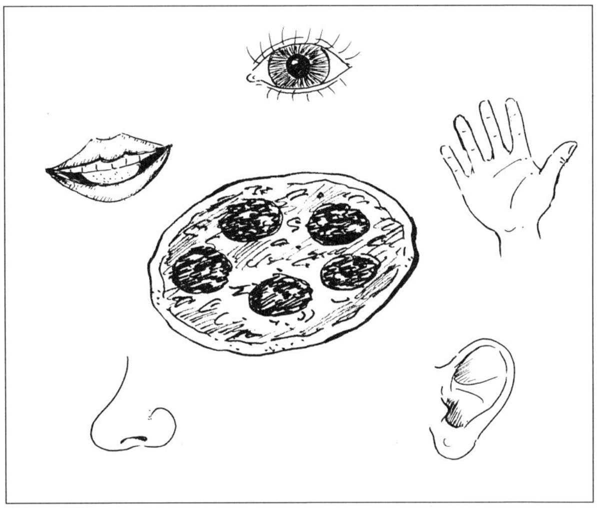

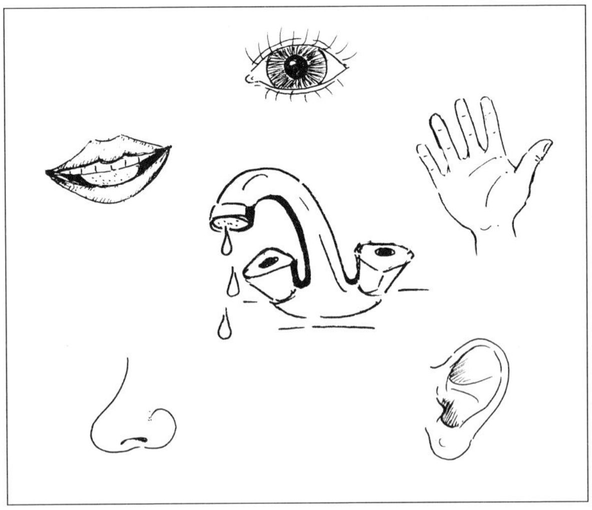

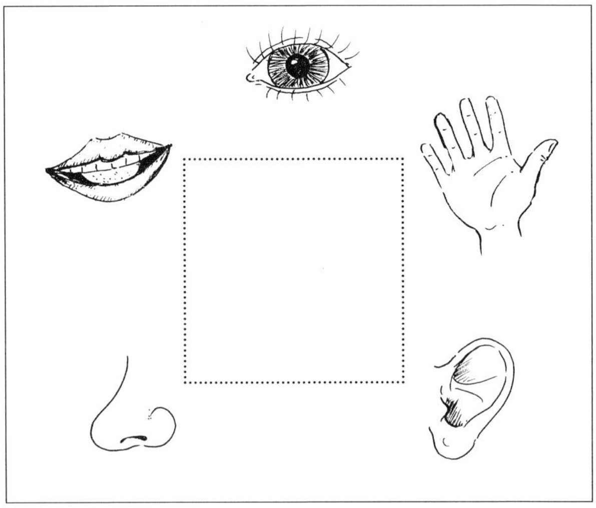

- ❖ Verbinde den Gegenstand mit den Sinnen, die beteiligt sind!
- ❖ Überlege, was mit vielen Sinnen wahrgenommen wird, und zeichne es in das Kästchen ein!

Name	Datum	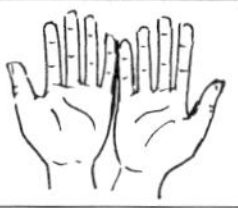		

Was meine Augen alles können

Ich kann Farben sehen.

❖ Male die Bilder farbig aus!

Ich kann Formen erkennen.

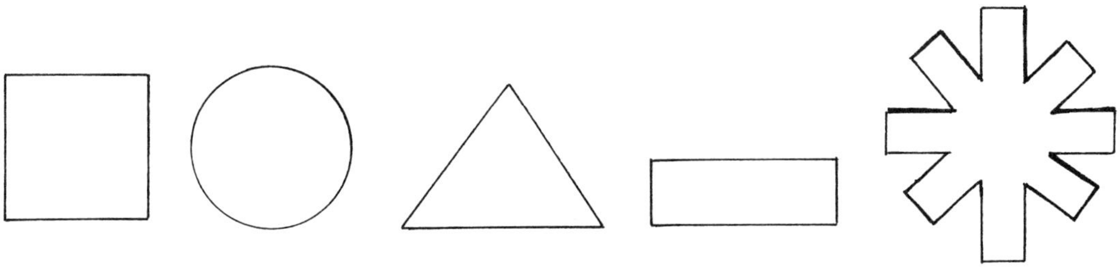

❖ Male die Formen an, die du kennst! Wie heißen sie?

Ich kann Größen unterscheiden.

❖ Male die Bilder farbig aus, die groß sind!

Ich kann die Entfernung abschätzen.

❖ Welches Kind ist am weitesten weg? Male es farbig aus!

Name	Datum			

Schau genau hin!

❖ Finde die acht Unterschiede!

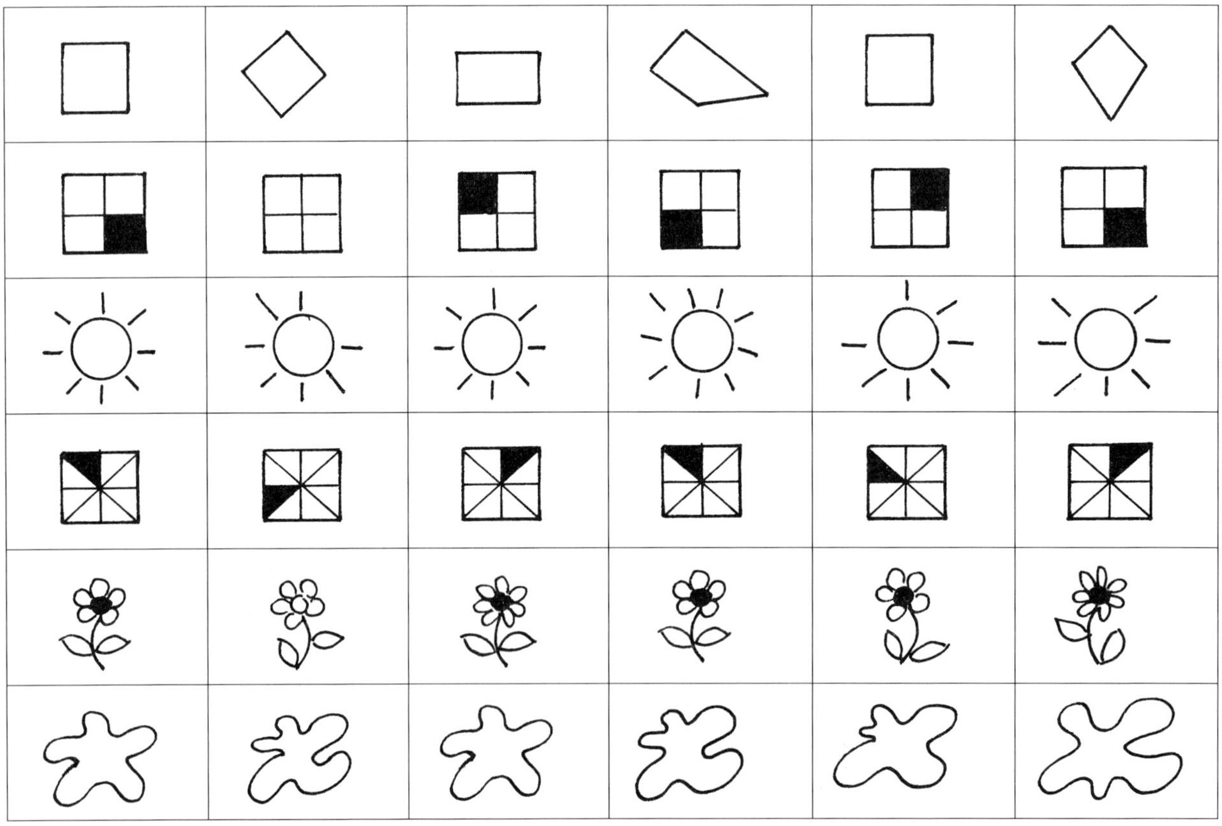

❖ Welche Figuren sehen gleich aus? Male den Hintergrund der gleichen Felder rot aus!

Name	Datum	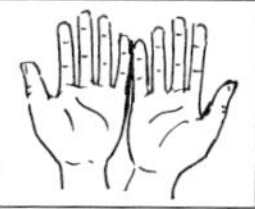		

Lass dich nicht täuschen!

Welches Mittelquadrat ist größer?

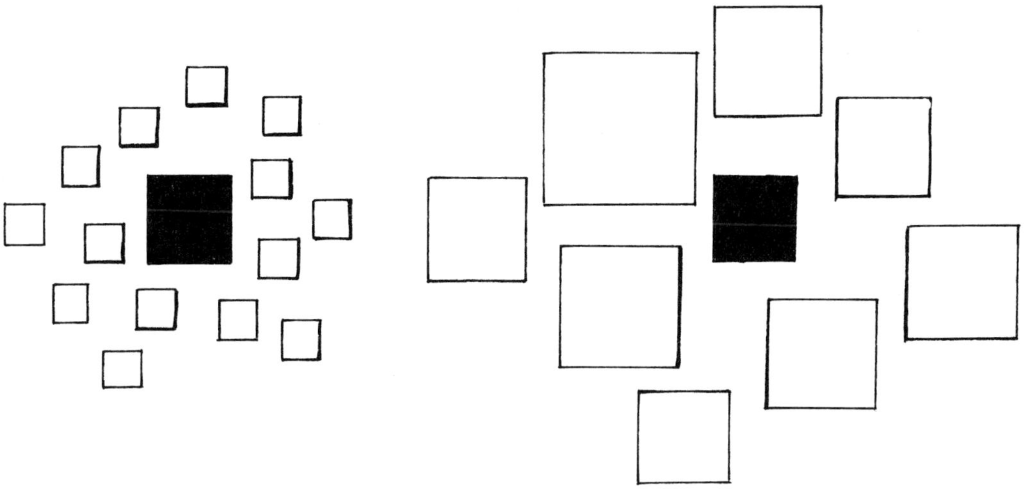

Welcher Baum ist der größte?

❖ Überprüfe deine Einschätzung mit dem Lineal!

Name	Datum	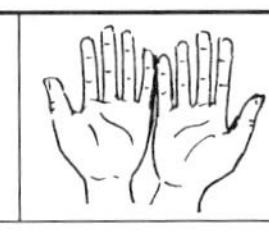		

Noch besser sehen

Brille – Fernglas – Lupe – Mikroskop – Schwimmbrille – Sonnenbrille
beobachten – lesen – schützen – schwimmen – sonnen – tauchen – untersuchen – vergrößern

- ❖ Trage die richtigen Bezeichnungen ein! Schreibe auf, wobei das Gerät hilft!
- ❖ Wer braucht welche Hilfe beim Sehen? Sprecht darüber!
- ❖ Welches Hilfsmittel hast du schon benutzt?
- ❖ Welche Erfahrung hast du damit gemacht?

Name	Datum			

Kein Auge zudrücken! Gefahren für die Augen!

❖ Schneide die Fehlerkärtchen aus und klebe sie zum passenden Bild!

Sitze nicht zu lange vor dem Fernseher!	Sitze nicht zu nah vor dem Bildschirm!	Schaue nicht direkt in die Sonne!	Reibe Fremdkörper nicht aus den Augen!	Halte das Buch ca. 30 cm von den Augen weg!

Name	Datum			

Geräusche

angenehm ☐
unangenehm ☐

angenehm ☐
unangenehm ☐

angenehm ☐
unangenehm ☐

angenehm ☐
unangenehm ☐

angenehm ☐
unangenehm ☐

angenehm ☐
unangenehm ☐

angenehm ☐
unangenehm ☐

angenehm ☐
unangenehm ☐

angenehm ☐
unangenehm ☐

angenehm ☐
unangenehm ☐

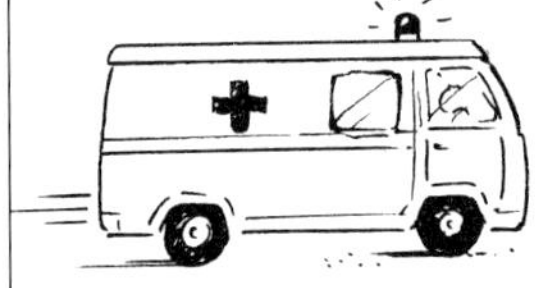

angenehm ☐
unangenehm ☐

angenehm ☐
unangenehm ☐

angenehm ☐
unangenehm ☐

angenehm ☐
unangenehm ☐

angenehm ☐
unangenehm ☐

angenehm ☐
unangenehm ☐

- Kreuze zuerst an, welches Geräusch dir angenehm und welches dir unangenehm ist!
- Sprecht über eure Entscheidungen!
- Versucht mit einem Kassettenrekorder möglichst viele Geräusche aufzunehmen! Spielt sie den anderen vor! Schreibt zu jedem Geräusch eine Karte! Wie kann man sie ordnen?

Name	Datum	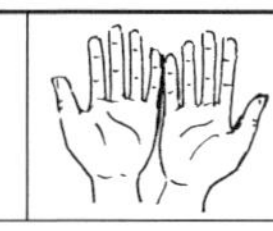		

Ich bin ein „Ohrschützer“

Menschen, die bei lauten Geräuschen arbeiten müssen, brauchen Ohrenschützer.

Bauarbeiter	Holzfäller	Fluglotse	

❖ Kennst du noch andere Berufe, bei deren Ausübung man Ohrenschützer braucht?

Aus einem Zeitungsbericht:

Alarm! Alarm! Alarm!

Ohrenärzte berichten, dass immer mehr Kinder und Jugendliche bereits schwere Hörschäden haben. Die Ursachen liegen nach ihren Aussagen

❖ Überlege, woran das liegen könnte! Was ist zu tun?

Du musst selbst ein Schützer deiner Ohren sein.

Lärm und laute ________________ sind schädlich für deine Ohren.

Ohren regelmäßig ________________.

Vorsicht: Keine ________________ Gegenstände benutzen!

Ohren müssen vor ________________ und Wasser geschützt werden.

Niemanden mit einem lauten ________________ erschrecken.

❖ Setze diese Wörter ein: Kälte – Knall – Musik – reinigen – spitzen

Spiele mit Geräuschen (1)

Geräusche-Landkarte

Material:
- 1 Blatt Papier mit Unterlage
- 1 Stift

So gehe ich vor: Schreibe alle Geräusche auf, die du hörst!
Gib auch die Richtung an!

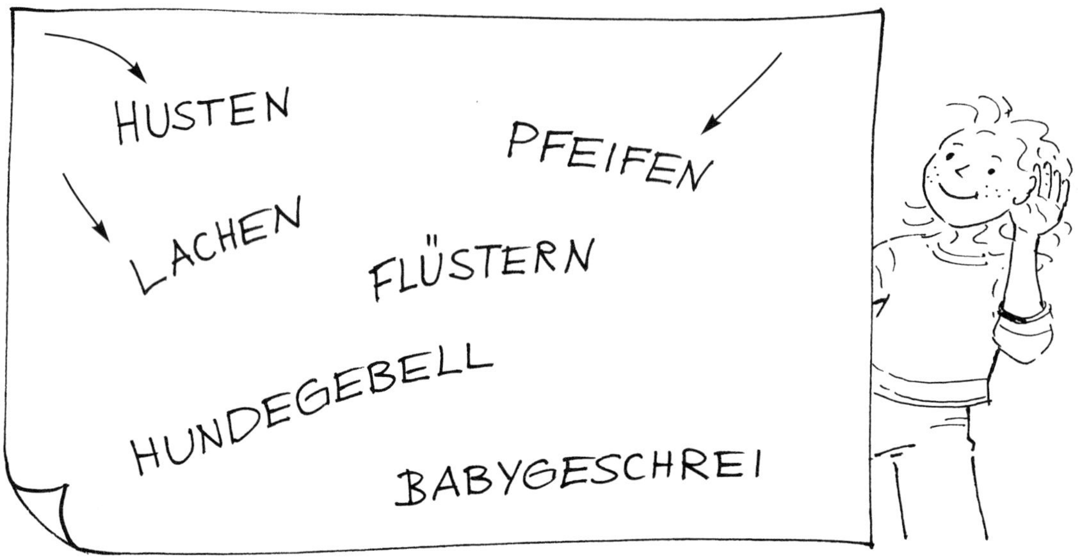

Vergleicht, was ihr gehört habt!

Spiele mit Geräuschen (2)

Geräusche-Memory

Material:
- 12 leere Filmdöschen
- Klebepunkte
- verschiedenes Füllmaterial, z. B. Erbsen, Sand, Büroklammern, Reis, Streichhölzer, …

So gehe ich vor:
- Ich klebe auf die Unterseite der Filmdöschen je einen Punkt.
- Ich fülle je zwei Dosen mit dem gleichen Material, verschließe sie und mache das gleiche Zeichen auf die beiden Klebepunkte.
- Ich mische die Dosen.
- Durch Schütteln und genaues Hören versuche ich die Dosen mit der gleichen Füllung herauszufinden.
- Die Zeichen helfen mir, das Ergebnis zu kontrollieren.

Spiele mit Geräuschen (3)

Hörtest

So gehen wir vor:

- Ein Tisch wird an das Ende des Klassenraumes oder des Flures gestellt.
- Mit einem Metermaß wird die Entfernung abgemessen und mit Kreide auf den Boden eingezeichnet.

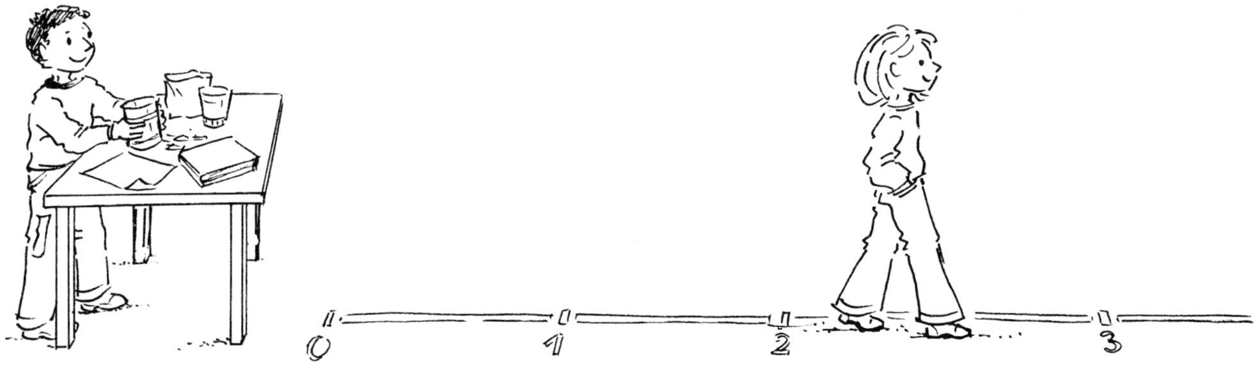

- Nun geht ein Kind Meter für Meter vom Versuchstisch weg.
- Ein anderes Kind macht Geräusche.
- Das Testkind gibt Zeichen, wenn es etwas hört, und sagt auch, was es gehört hat.

Spiele mit Geräuschen (4)

Richtungshören

So gehen wir vor:

- Ein Kind setzt sich auf einen Stuhl.
- Ihm werden die Augen verbunden.
- Ein anderes Kind macht Geräusche immer aus einer anderen Richtung.
- Das Kind auf dem Stuhl zeigt oder sagt die Richtung, aus der das Geräusch kommt.
- Nach einiger Zeit wird gewechselt.

❖ Sprecht über eure Erfahrung beim Hören der Geräusche!

Name	Datum	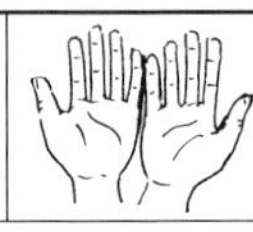		

Viele Gerüche – nicht nur in der Küche

1

3

4

2

5

7

6

⑩

8

9

angenehmer Geruch	unangenehmer Geruch

- ❖ Welche Gerüche findest du angenehm und welche unangenehm?
- ❖ Trage die Ziffern in die Tabelle ein!
- ❖ Finde weitere Beispiele!

Name	Datum			

Nicht alles schmeckt gleich

rot	gelb	blau	grün
süß	sauer	salzig	bitter

❖ Überlege, wie welches Nahrungsmittel schmeckt! Kreise es in der entsprechenden Farbe ein!
Tipp: Manche Nahrungsmittel weisen mehrere Geschmacksrichtungen auf.

❖ **Veranstaltet eine Kostprobe!**

- Jeder bringt etwas zum Probieren mit.
- Vor dem Probieren fragen, ob eine Allergie besteht.
- Augen verbinden!
- riechen – vermuten – schmecken – benennen

Name	Datum	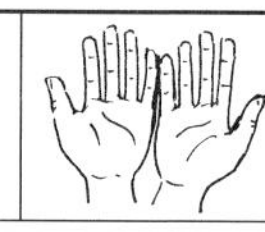		

Fühlen mit der Haut

❖ **Was kann meine Haut fühlen?**
Streiche das Falsche durch!

Kälte – Salz – Oberflächen – Musik – Form – Parfüm – Schmerz – Erschütterungen – Sand – Mond – Freude – Angst

❖ **Was fasst du gerne an?**
Sprecht darüber!

An verschiedenen Stellen des Körpers wird unterschiedlich gefühlt.
Überprüfe mit einem Eiswürfel!

Wie spürst du die Kälte?			
	wenig	mittel	stark
Lippen			
Handrücken			
Knie			
Stirn			
Fingerspitze			
Kinn			
Hals			
Bauchnabel			
Fußsohle			
Rücken			

❖ Kreuze an, wie du die Kälte spürst!
❖ Probiere auch anderes aus, zum Beispiel: Lineal, Feder, Waschlappen, …!

Name	Datum	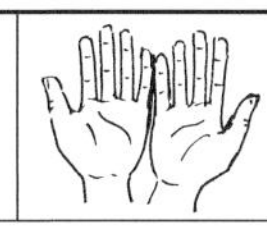		

Kein Schmutz, sondern Schutz

❖ Betrachte deine Haut mit der Lupe!

 Fingerkuppe	Unterarm

❖ Was kannst du entdecken? Zeichne, was du an verschiedenen Hautstellen entdecken kannst!

Deine Haut ist das größte Sinnesorgan. Sie braucht Pflege und Schutz.
Wann brauchst du was?

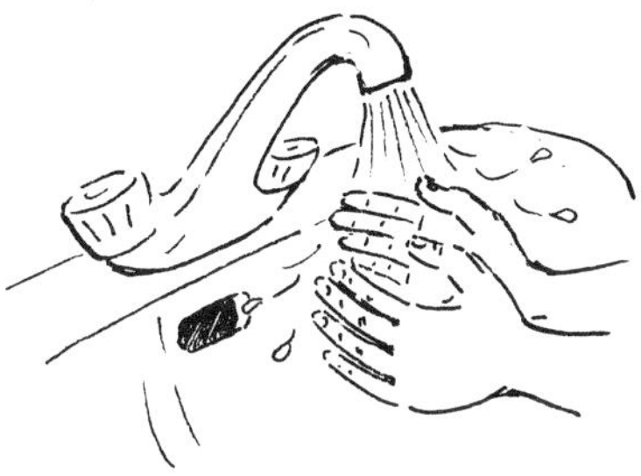

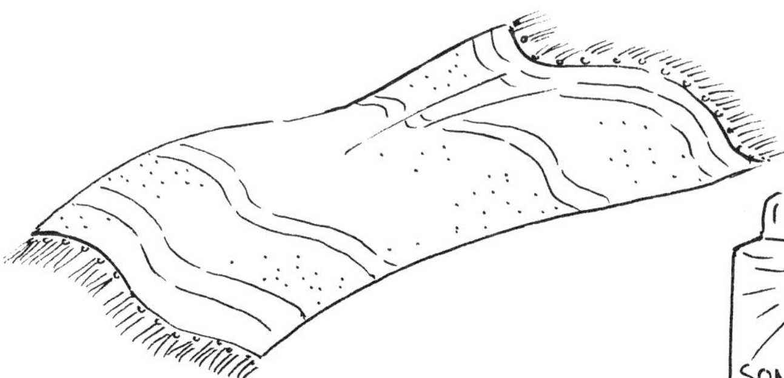

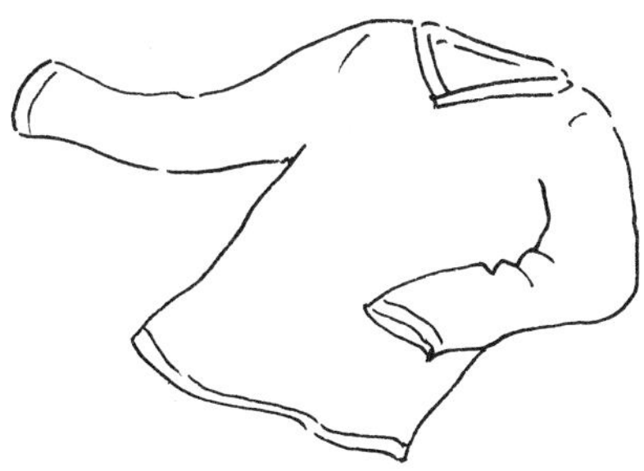

❖ Schreibe auf, wann deine Haut welche Pflege braucht!

Name	Datum	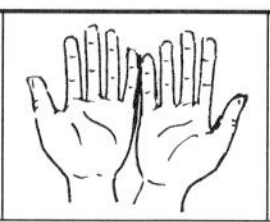		

Mit Gesicht, Händen und Füßen fühlen

Jeder bringt Material mit

Eine Fühlkiste für die Füße

Material:
Sand, Steinchen, Federn, Perlen, Löffel, Tannenzapfen

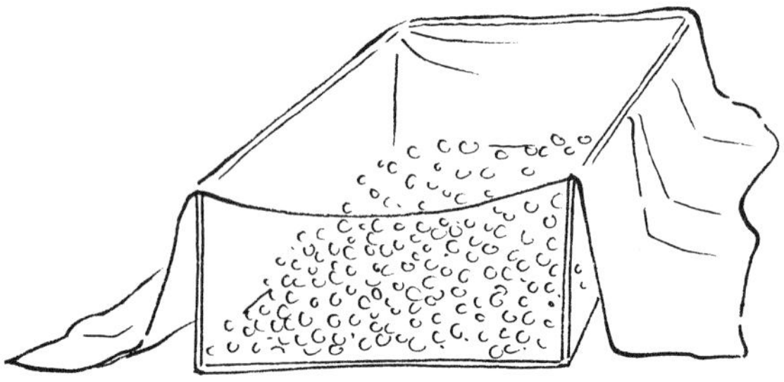

So gehe ich vor:
Ein Karton wird vorne so ausgeschnitten, dass man die Füße hineinsetzen kann.
Ich gebe das Material hinein.
Die Kiste wird mit einem Tuch abgedeckt.
Es ist besser, mehrere solcher Kisten einzurichten, oder das Material muss öfter gewechselt werden.

Fühlpark für das Gesicht

Material:
Drahtbügel, Tücher, Papierstreifen, Geschenkbänder, Erdnussketten, Wollfäden, Netzverpackungen

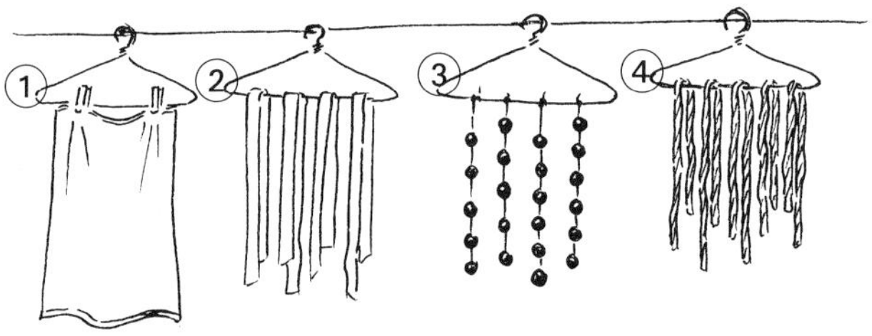

So gehe ich vor:
Zuerst wird eine Schnur gespannt.
Das Material hänge ich an einen Bügel und knote es fest.
Auch ist es ratsam, die Bügel zu nummerieren.
Beim Fühlen werden die Augen verbunden.
Ein Partner notiert die Aussagen.

Bügel 1 ______________________

Bügel 2 ______________________

Bügel 3 ______________________.

❖ Du kannst auch Fühlsäckchen für die Hände an eine Leine hängen.

Name	Datum	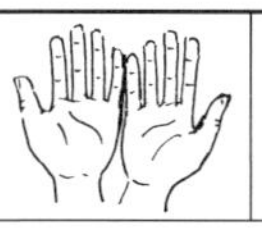		

Was hast du über die Sinne gelernt?

❖ Kreuze an! Manchmal sind auch mehrere Antworten möglich.

1. Welche Sinne brauchst du, wenn du die Straße überqueren willst?

☐ Sehen
☐ Hören
☐ Schmecken
☐ Fühlen

2. Wie kannst du feststellen, was in der Flasche ist?

☐ hören
☐ sehen
☐ riechen
☐ fühlen

3. Mit welchen Sinnen kannst du den Ball wahrnehmen?

☐ schmecken
☐ sehen
☐ riechen
☐ fühlen

4. Was meine Augen können?

☐ Farben erkennen
☐ Geräusche erkennen
☐ groß und klein erkennen
☐ kalt und warm unterscheiden

5. Womit kannst du ganz weit sehen?

☐ mit einer Lupe
☐ mit einer Taucherbrille
☐ mit einem Fernglas

6. Wie kannst du deine Augen vor den Sonnenstrahlen schützen?

☐ mit Sonnenkreme
☐ mit einer Sonnenbrille
☐ mit einer Sonnenblume
☐ nicht direkt in die Sonne schauen

7. Wie kannst du Musik wahrnehmen?

☐ schrill
☐ süß
☐ bunt
☐ leise

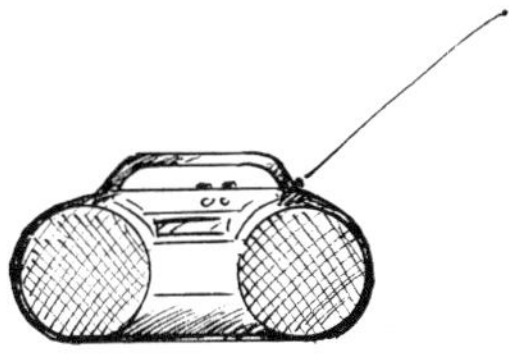

8. Was kannst du mit deinen Händen fühlen?

☐ warm und kalt
☐ süß und sauer
☐ glatt und rau
☐ hoch und tief

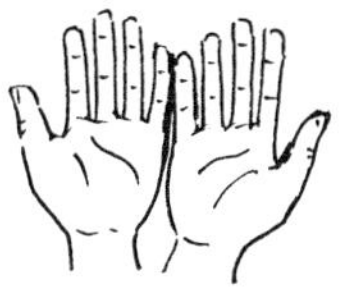

9. Was kannst du riechen und schmecken?

☐ süß und sauer
☐ herb und bitter
☐ schwarz und weiß
☐ schnell und langsam

10. Was kann deine Haut fühlen?

☐ kalt
☐ salzig
☐ weich
☐ spitz

11. Wann kannst du schlecht riechen und schmecken?

☐ wenn ich erkältet bin
☐ wenn ich draußen bin
☐ wenn ich schlafe
☐ wenn ich Hausaufgaben mache

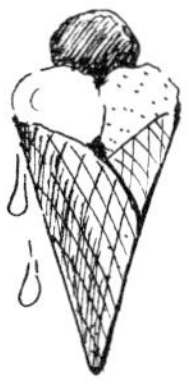

12. Welcher von unseren fünf Sinnen braucht das Licht?

☐ die Ohren
☐ die Hände
☐ die Augen

8 Zähne

Überlegungen und Anregungen zur Didaktik und Methode:

Die Zähne und ihre Hygiene erkunden

Tragfähige Grundlagen *Die Kinder …*			**Bemerkungen**
Kenntnisse	**Fertigkeiten / Fähigkeiten**	**Einstellungen / Haltungen**	
Mein Zahnpass			**S. 112**
• stellen die Anzahl der eigenen Zähne fest. • unterscheiden Milchzähne und bleibende Zähne. • unterscheiden Funktion der verschiedenen Zähne.	• tragen die Ergebnisse in einen Lückentext und in eine Zeichnung ein.	• interessieren sich für das eigene Gebiss. • machen sich bewusst, dass sich das eigene Gebiss verändert.	Die Zahnpässe der einzelnen Kinder können als Grundlage für die Erstellung von Klassenlisten dienen (z. B. Milchzahnliste).
Deine Zähne und ihre Aufgaben			**S. 113**
• unterscheiden Eck-, Schneide- und Backenzähne und ihre Lage im Gebiss. • erkennen die Aufgabe der Zähne.	• tragen die Anzahl der unterschiedlichen Zahnarten in einen Lückentext ein. • führen ein einfaches Experiment durch und werten es aus.	• entwickeln Interesse gegenüber den einzelnen Zahnarten.	Vertiefend können die Kinder Zahnmodelle aus Salzteig, Ton oder Knetgummi herstellen.
Wackelzähne			**S. 114**
• kennen den Ablauf des Zahnwechsels und begründen ihn.	• nutzen eine Informationsquelle (Sachtext).	• begreifen den Zahnwechsel als natürlichen und notwendigen Vorgang.	Den Kindern sollte noch einmal besonders verdeutlicht werden, dass nach dem Zahnwechsel die bleibenden Zähne ein Leben lang gepflegt und damit erhalten werden müssen.
Zweimal Zähne			**S. 115**
• lernen die Anzahl der Zähne im Milchzahngebiss und im bleibenden Gebiss kennen. • unterscheiden Eck-, Schneide- und Backenzähne und ihre Lage im Gebiss.	• tragen die Ergebnisse in einen Lückentext und in eine Zeichnung ein.	• entwickeln Interesse am Aufbau des eigenen Gebisses. • machen sich bewusst, dass sich das eigene Gebiss verändert. • interessieren sich für die einzelnen Zahnarten.	An dieser Stelle wird ein weiterführendes und vertiefendes Arbeitsblatt, aufbauend auf den Arbeitsblättern „Der Zahnpass“ und „Deine Zähne und ihre Aufgaben“ eingesetzt.
Zähne können krank werden			**S. 116**
• erkennen Gefahren für die Zähne, Zerstörung durch Bakterien und Notwendigkeit der Zahnpflege.	• ordnen Texte den entsprechenden Bildern zu.	• machen sich bewusst, dass auch ihre eigenen Zähne täglich gefährdet sind.	Zur Veranschaulichung können die Versuche „Greift Säure die Zähne an?“ und „Wie kann Zahnpasta säubern?“ dienen.

Tragfähige Grundlagen *Die Kinder …*			Bemerkungen
Kenntnisse	**Fertigkeiten/ Fähigkeiten**	**Einstellungen/ Haltungen**	
Regeln für die Zahnpflege			**S. 117**
• kennen die wichtigsten Zahnpflegeregeln und können sie anwenden.	• vervollständigen einen Lückentext.	• akzeptieren die Notwendigkeit der Anwendung der Regeln und wenden diese täglich an.	Die Regeln könnten Teil des Forscher- und Lerntagebuches sein oder auf einem Klassenplakat veröffentlicht werden.
Versuche zur Zahnpflege (1) – Wie man sich die Zähne putzt			**S. 118**
• begreifen, dass sich Speisereste zwischen den Zähnen anlagern und die Zähne schädigen. • lernen die richtige Technik des Entfernens der Speisereste kennen.	• führen nach einer einfachen Anweisung einen Versuch durch und dokumentieren die Ergebnisse.	• gewinnen durch den Versuch die Einsicht, dass die richtige Technik beim Zähneputzen für das Entfernen der Speisereste hilfreich ist.	Nach der Durchführung des Versuches ist es sinnvoll, AB M 8 „Das richtige Zähneputzen" einzusetzen, um das erworbene Wissen auf die eigene Zahnputztechnik zu übertragen.
Das richtige Zähneputzen			**S. 119**
• wenden die verschiedenen Zahnputztechniken richtig an.	• putzen nach einer Arbeitsanweisung die Zähne richtig und gründlich.	• verinnerlichen diese Techniken und wenden sie automatisiert regelmäßig an.	Die Zahnputztechnik immer wieder im Unterricht thematisieren (z. B. nach der Weihnachtsfeier, auf der Klassenfahrt usw.).
Versuche zur Zahnpflege (2) – Greift Säure die Zähne an?			**S. 120**
• finden heraus, dass Säure Zähne angreift und schädigt.	• führen einen Versuch durch und werten ihn aus. • fixieren die Vermutungen und Ergebnisse schriftlich.	• erkennen die Gefährlichkeit von Säurebildung durch Speisereste.	Die Versuchsergebnisse können auch täglich beobachtet und z. B. durch Zeichnungen dokumentiert werden. Es ist auch möglich, andere Flüssigkeiten zu benutzen.
Versuche zur Zahnpflege (3) – Wie kann Zahnpasta säubern?			**S. 121**
• begreifen, dass Zahnpasta „Putzteilchen" enthält, die selbst Metall reinigen können.	• führen einen Versuch durch und werten ihn aus. • fixieren die Vermutungen und Ergebnisse schriftlich.	• lernen die Wirksamkeit der Zahnpasta bei der Entfernung von Rückständen einzuschätzen.	Parallel kann auch der gleiche Versuch mit Wasser und/oder mit Wasser mit Spülmittel durchgeführt werden. Zur weiteren Verdeutlichung lässt sich auch Sand zur Reinigung verschmutzter Hände nutzen.
Zahnputz-Quiz			**S. 122**
• beantworten die Fragen.	• wenden das eigene Wissen an und geben es wieder.	• legen über den eigenen Lernfortschritt Rechenschaft ab.	Diese Lernzielkontrolle sollte von jedem Kind allein bearbeitet werden. Bei der Beantwortung der Fragen geht es nicht nur um ein einfaches Abfragen des Gelernten. Die Kinder sollen zum Nachdenken angeregt werden und ihr gesamtes Wissen aktivieren.

Name	Datum	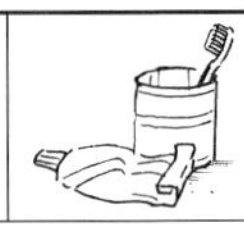		

Mein Zahnpass

Ich bin ________________ Jahre alt.

Ich habe ________________ Zähne.

oben ________________

unten ________________

Mir sind schon ____________ Milchzähne ausgefallen.

Ich habe schon ____________ neue Zähne.

Zeichne deine Zähne ein!

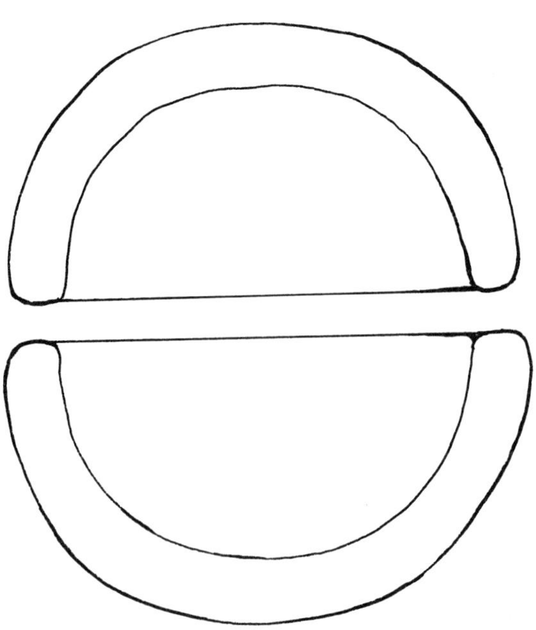

❖ Schaue dir deine Zähne mit einem kleinen Spiegel genau an und fülle deinen Zahnpass aus! Wenn dir das schwer fällt, arbeite mit einem Partner zusammen!

Name	Datum			

Deine Zähne und ihre Aufgaben

Du brauchst:

- einen Spiegel
- einen Apfel oder ein Stück Brot

❖ Mache die Probe, was deine Zähne leisten!

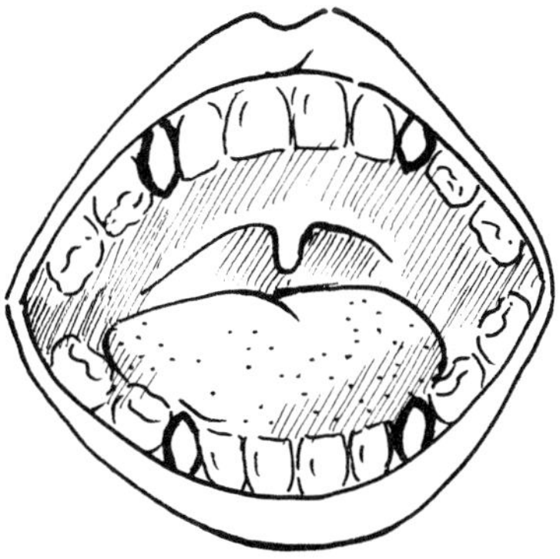

Ich habe ______ **Eckzähne.**

Eckzähne __________
das Essen.

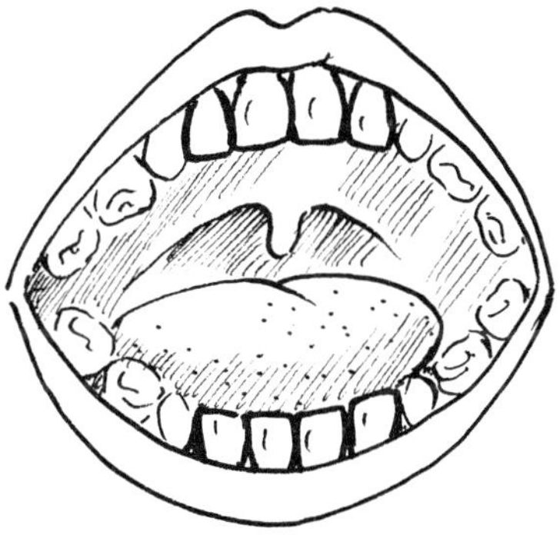

Ich habe ______ **Schneidezähne.**

Schneidezähne ______________
das Essen ab.

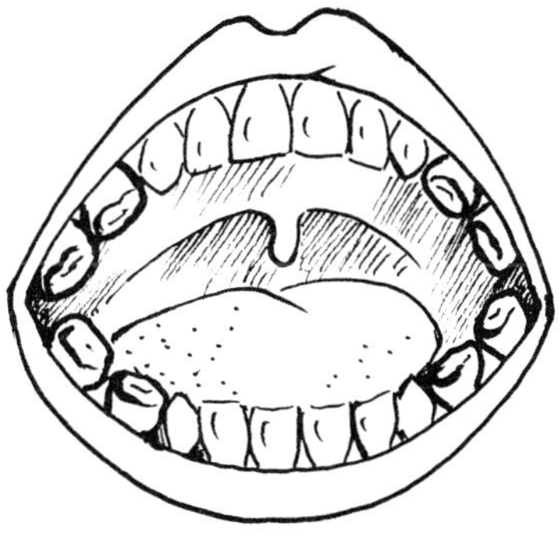

Ich habe ______ **Backenzähne.**

Backenzähne __________
das Essen.

Trage ein:
mahlen – reißen – schneiden

Name	Datum	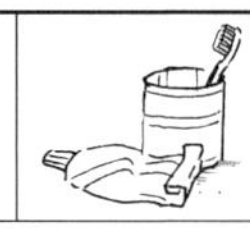		

Wackelzähne

Warum fangen deine Zähne an zu wackeln und fallen dann heraus?

❖ Schneide die Abbildungen aus und ordne sie dem Text richtig zu!

Wie du auf den Bildern sehen kannst, befinden sich in deinem Kiefer nicht nur die sichtbaren Milchzähne. Darunter sind auch schon die bleibenden Zähne angelegt. Der bleibende Zahn wächst unter dem Milchzahn heran und schiebt sich langsam nach oben.	
Der Körper bildet kleine Zellen, die die Wurzel des Milchzahnes langsam zerfressen. Die Wurzel wird immer kürzer.	
Die Wurzel schrumpft so sehr, dass der Milchzahn im Kiefer keinen Halt mehr hat. Wenn du nun ein wenig nachhilfst, fällt der Milchzahn heraus.	
Der neue Zahn, der nun nachwächst, ist größer und hat eine stärkere Wurzel. Es ist ein bleibender Zahn. Er muss lange halten.	

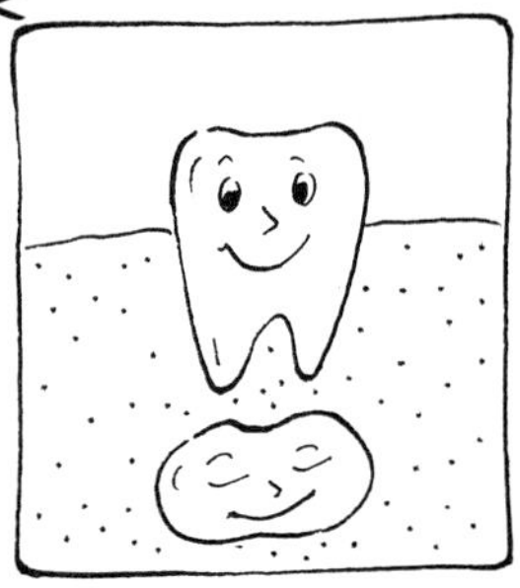
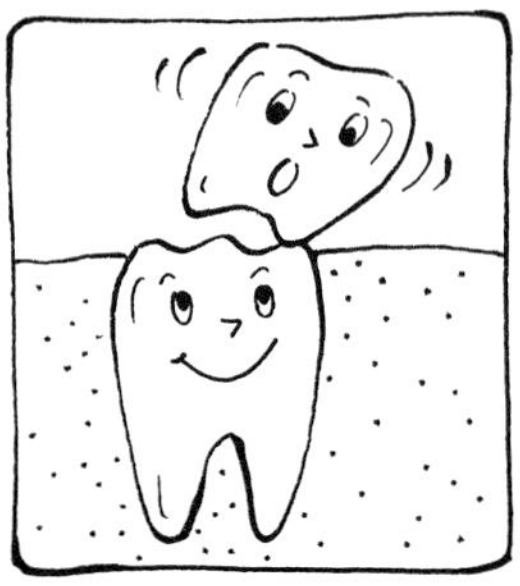
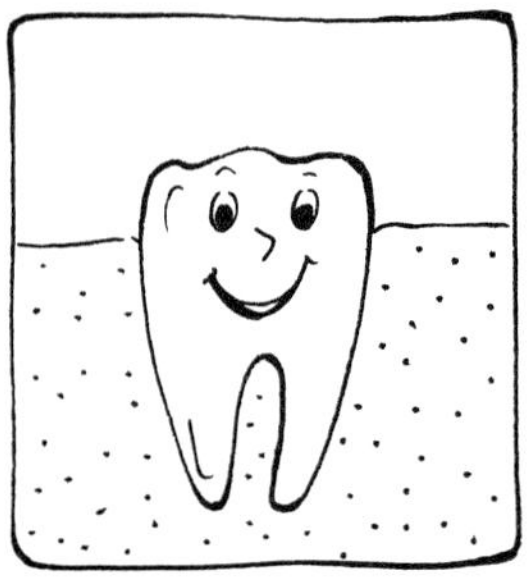
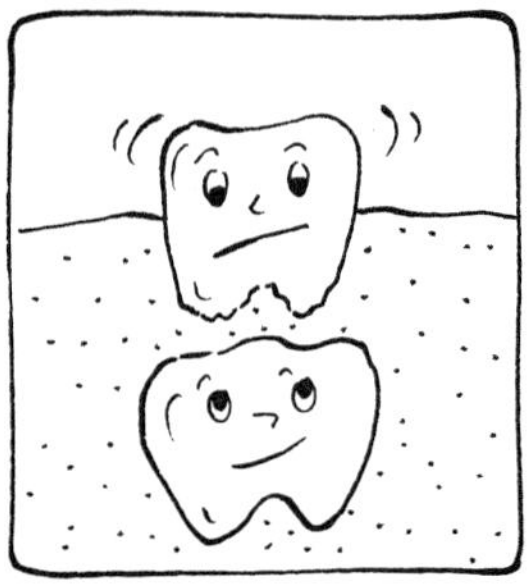

KOPIERVORLAGE

Name	Datum			

Zweimal Zähne

Jeder Mensch hat zuerst ein Milchzahngebiss.
Dann kommen neue Zähne.

❖ Schaue dir das **Milchzahngebiss** und das **bleibende Gebiss** an! Vergleiche!

Wie viele Zähne hat das Milchzahngebiss?

________ Zähne

Wie viele Zähne hat das bleibende Gebiss?

________ Zähne

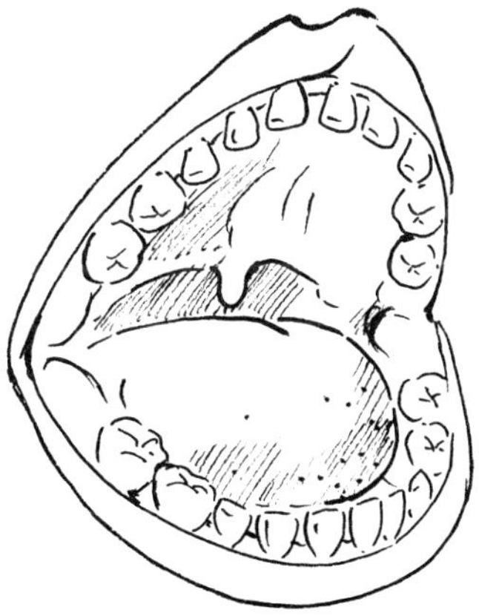

Milchzahngebiss

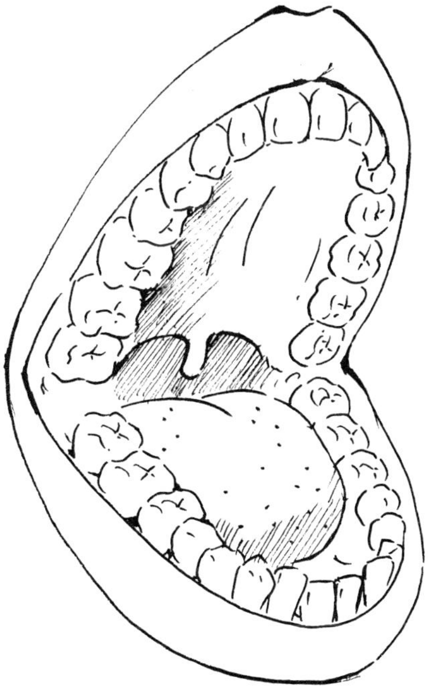

bleibendes Gebiss

❖ Male aus: Schneidezähne → rot
Eckzähne → blau
Backenzähne → grün

❖ Warum gibt es den Zahnwechsel? ______________________________

____

Name	Datum			

Zähne können krank werden

❖ Welches Bild und welcher Text gehören zusammen?

1

Durch Zahnbelag entstehen Krankheiten im Mund.
Im Zahnbelag leben Bakterien.
Die sind so winzig, dass man sie nicht sehen kann.

H

2

Sie fressen am Mantel der Zähne herum.
So entstehen an den Zähnen Löcher.
Diese Krankheit nennt man Karies.

L

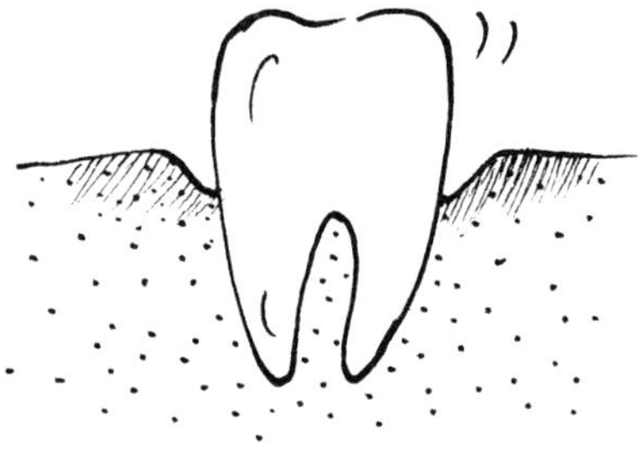

3

Die Bakterien schieben sich auch zwischen die Zähne und das Zahnfleisch.
Das Zahnfleisch beginnt dann zu schrumpfen.
Das nennt man Parodontose.

M

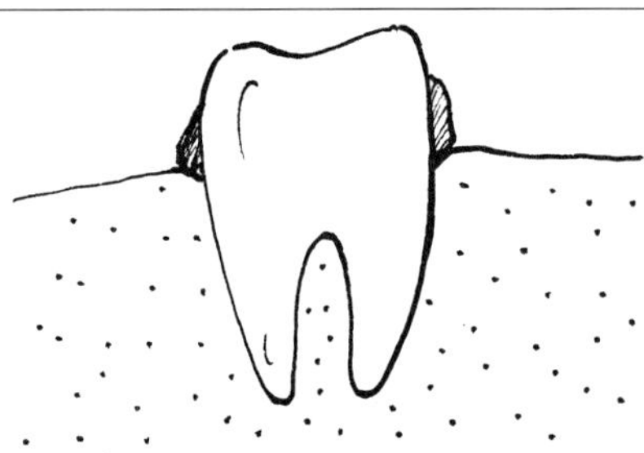

4

Mit kranken Zähnen kann man nicht mehr gut kauen.
Außerdem können kranke Zähne auch sehr weh tun.
Dann kann nur noch der Zahnarzt helfen.

I

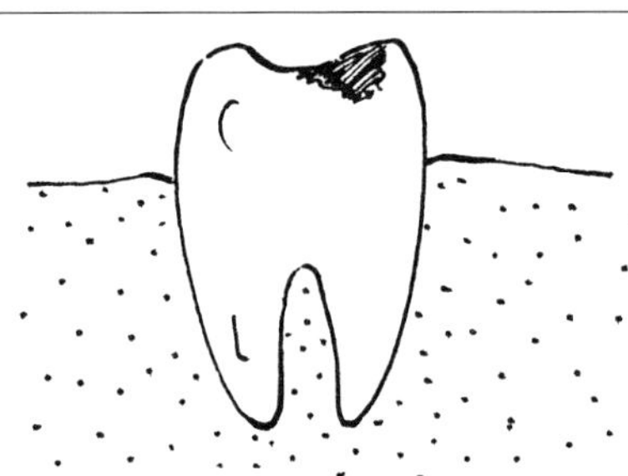

5

Deine Zähne bleiben gesund, wenn du den Zahnbelag regelmäßig und gründlich entfernst.
Da hilft nur richtiges und regelmäßiges Zähneputzen!

C

1	2	3	4	5

Name	Datum	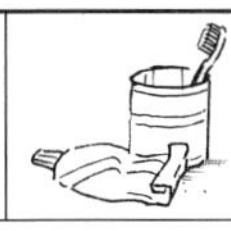		

Regeln für die Zahnpflege

Nach dem Verzehr von Süßigkeiten sofort die __________ __________ oder zumindest den Mund ____________________. Zuckerfreies Kaugummi kauen.

____________________ nicht als Zwischenmahlzeiten genießen, sondern nur nach den Hauptmahlzeiten.

Wer auf Süßigkeiten nicht verzichten kann, sollte zwischendurch nur ____________________, ____________________ Süßigkeiten oder Obst und Brot naschen.

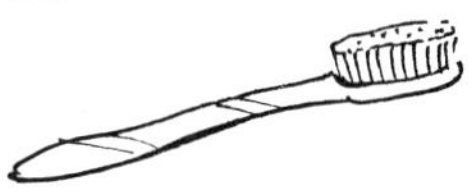

Nach jeder Mahlzeit regelmäßig die __________ __________.

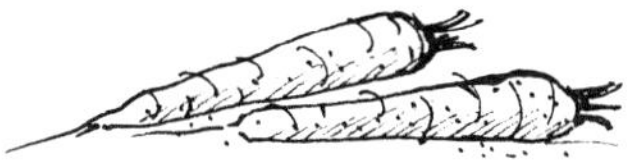

In der Regel spätestens alle drei Monate eine neue ____________________ benutzen.

Zähne brauchen Hartes zum __________! Dazu sind sie da.

Kalziumreiche Lebensmittel essen und trinken, z. B.: __________, __________, Quark, Joghurt und grünes Gemüse.

Zähne mindestens ________ Minuten ____________! Dabei von rot (____________________) nach weiß (__________) bürsten.

Die ____________________ sollte Fluorid enthalten, damit die Zähne gehärtet werden.

ausspülen – drei – Käse – Kauen – Milch – putzen – Süßigkeiten – Zahnbürste – Zähne – Zähne putzen – Zähne putzen – Zahnfleisch – zahnfreundliche – Zahnpasta – zuckerfreie

Versuche zur Zahnpflege (1)

Wie man sich die Zähne putzt

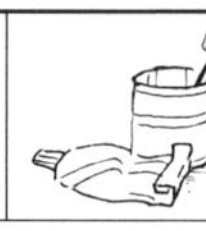

Material:

- ein Kamm
- Watte
- eine alte Zahnbürste

Nur mit der richtigen Technik kannst du beim Zähneputzen auch die Bereiche zwischen den Zähnen sauber halten.

Das kannst du durch diesen Versuch erkennen:

Der Kamm hat Zwischenräume wie deine Zähne. Die Watte soll die Speisereste darstellen, die sich beim Essen zwischen deinen Zähnen festsetzen.

1. Breite etwas Watte auf dem Tisch aus.
2. Ziehe den Kamm durch die Watte, so dass sie in seinen Zwischenräumen hängen bleibt.
3. Vermute, wie sich die Watte am besten aus dem Kamm entfernen lässt.
   Zeichne die Putzrichtung mit einem Pfeil ein.

Ich vermute:

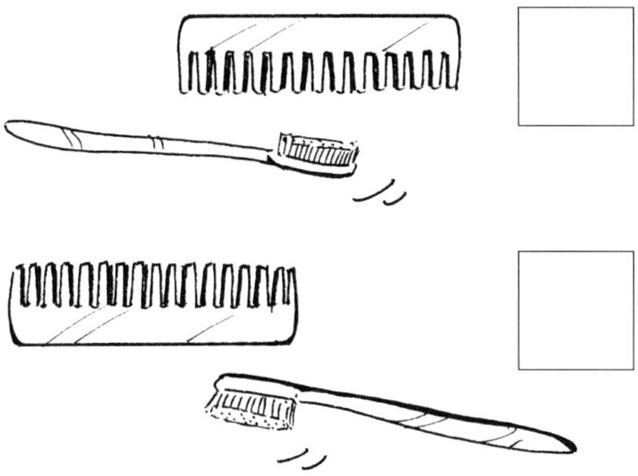

4. Nimm nun deine Zahnbürste und versuche damit die Watte aus dem Kamm zu entfernen!
   Trage die Pfeile in die Zeichnung ein!
   Vergleiche Vermutung und Ergebnis!

Ich beobachte:

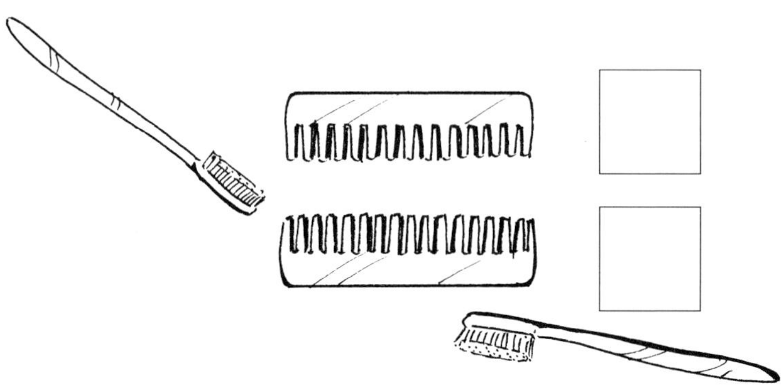

Name	Datum			

Das richtige Zähneputzen

Du brauchst:

- Zahnbürste
- Zahnpasta
- Zahnputzbecher
- Wasser
- Spiegel

1. Schaue dir die Putzanleitung gut an!
2. Putze dir deine Zähne mit der richtigen Technik!

So putzt du deine Zähne richtig!

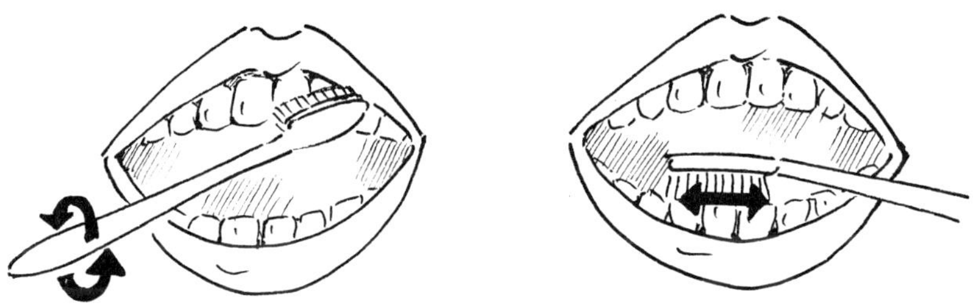

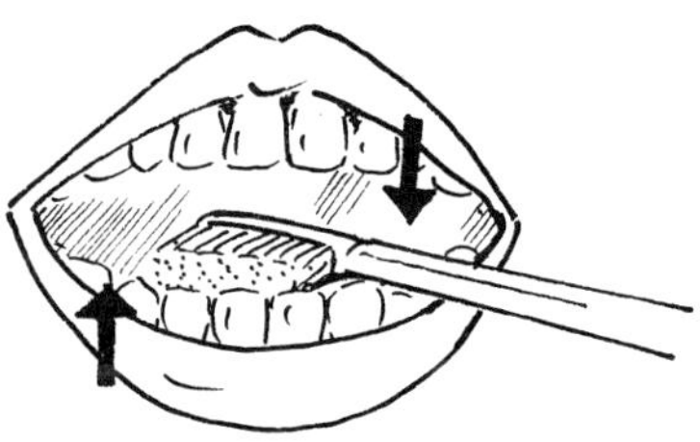

Vom Zahnfleisch zum Zahn! Kreise	Hin und her!	Vom Zahnfleisch zum Zahn!

Durch richtiges Zähneputzen bleiben deine Zähne gesund.

Versuche zur Zahnpflege (2)

Greift Säure die Zähne an?

Material:

- Eierschalen
- ein Glas
- Essig

So gehe ich vor:

1. Lege Eierschalen in das Glas! Sie bestehen ähnlich wie die Zähne aus Kalk.

2. Schütte etwas von der Säure in das Glas!

3. Lass das Glas einige Tage stehen.

4. Nach einigen Tagen …

Ich vermute:

____

Ich beobachte:

____

____

Vergleiche deine Vermutung und deine Beobachtung!

Ich erkläre das so:

____

So kann ich meine Zähne schützen: ______________________________

Versuche zur Zahnpflege (3)

Wie kann Zahnpasta säubern?

Material:

- ein Stück Stoff
- ein älteres Cent- oder Pfennigstück
- etwas Zahnpasta

Frage: Lässt sich das Geldstück mit Hilfe von Zahnpasta säubern?

Ich vermute:

Ich beobachte:

Vergleiche deine Vermutung und deine Beobachtung!

Ich erkläre das so:

Name	Datum	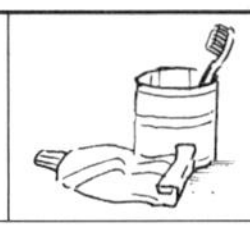		

Zahnputz-Quiz

Lösungswort

1. Was brauchst du zum Zähneputzen?

   W einen Schrubber
   Z Zahnbürste, Zahnpasta, Wasser
   B laute Musik

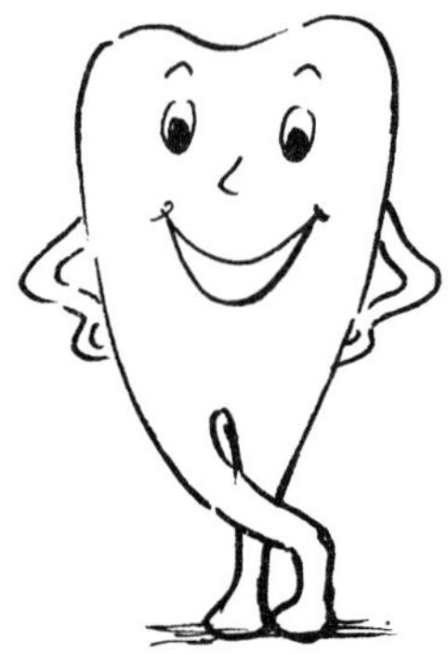

2. Wann und wie oft sollst du deine Zähne putzen?

   Ö einmal am Tag
   Ä nach jedem Essen
   Ü einmal die Woche

3. Wie lange musst du deine Zähne putzen?

   H drei Minuten
   G eine Minute
   F eine Stunde

4. Was machst du nach dem Zähneputzen mit deiner Zahnbürste?

   D Ich stelle sie sofort in den Becher.
   P Ich lege sie zu meinen Spielsachen.
   N Ich spüle die Borsten gründlich mit warmem Wasser ab.

5. Wie musst du deine Zahnbürste aufbewahren?

A

O

E

9 Gesunde Ernährung

Überlegungen und Anregungen zur Didaktik und Methode:

Gesunde Nahrungsmittel und Ernährungsweisen kennen lernen

Tragfähige Grundlagen *Die Kinder …*			**Bemerkungen**
Kenntnisse	**Fertigkeiten / Fähigkeiten**	**Einstellungen / Haltungen**	
Gesunde Ernährung 1			**S. 125**
● entnehmen einem Bild Informationen. ● erkennen Darstellungs- und Dokumentationsformen.	● benennen verschiedene Aspekte zum Klassenvorhaben „Ernährung“. ● entwickeln eigene Ideen. ● untersuchen und bewerten Medienangebote kritisch.	● entwickeln Interesse, Offenheit und Wissbegier am Themenkomplex „gesunde Ernährung“. ● entwickeln Bereitschaft zu sach- und sozialbezogener Kommunikation.	Das Arbeitsblatt kann als Einstieg (Projektinitiative) in ein projektorientiertes Vorhaben genutzt werden.
Gesunde Ernährung 2			**S. 126**
● beurteilen Regeln und Hilfsmittel für die Gruppenarbeit. ● beziehen ggf. vorhandene Klassenregeln auf das eigene Vorhaben.	● planen und dokumentieren einen komplizierten Arbeitsablauf. ● stellen ggf. neue Regeln gemeinsam auf.	● planen eigenes Unterrichtsvorhaben gemeinsam und eigenverantwortlich.	Das AB gibt Anregungen für arbeitsteiliges Vorgehen u. a. in einer projektartigen Arbeitsform.
Wir ernähren uns gesund			**S. 127**
● kennen verschiedene Nahrungsmittelgruppen.	● tragen einen eigenen Ernährungsplan in eine Tabelle ein.	● machen sich eigene Ernährungsgewohnheiten bewusst.	Das AB kann als Vorlage zur Gestaltung eines Themen- oder Monatstisches dienen.
Unsere Nahrung 1 **Unsere Nahrung 2** **Unsere Nahrung 3**			**S. 128** **S. 129** **S. 130**
● unterscheiden Lebensmittel und fassen sie in Gruppen zusammen.	● dokumentieren Ergebnisse und präsentieren diese ggf.	● finden eigene Ordnungskriterien. ● begründen Entscheidungen.	Das AB, ein Überschriftenblatt für Plakate o. Ä., kann durch Verpackungsmaterial und Zeitungsausschnitte ergänzt werden. Hierbei können die Aspekte Herstellung und Transport angesprochen werden.
Morgens schon an das Schulfrühstück denken			**S. 131**
● ordnen die Nahrung nach ästhetischen Gesichtspunkten. ● stellen aus verschiedenen Nahrungsgruppen ein gesundes Schulbrot zusammen.	● entnehmen und verarbeiten Informationen.	● wählen Nahrungsmittel bewusst aus. ● werden zur Fantasie angeregt.	Ästhetische Aspekte können auch zur höheren Wertschätzung von Nahrungsmitteln beitragen. Anregung kann auch auf ein Klassenfrühstück ausgeweitet werden.

Tragfähige Grundlagen *Die Kinder …*			Bemerkungen
Kenntnisse	**Fertigkeiten / Fähigkeiten**	**Einstellungen / Haltungen**	
Quark mit Obst Bunte Obstspieße			**S. 132 S. 133**
• lernen eine gesunde Speise kennen.	• stellen nach einem Rezept eine Speise her.	• entwickeln Verantwortung für eine gesunde Ernährung durch praktisches Tun.	Diese beiden Rezepte können zur Anregung dienen, man kann darüber hinaus die Kinder weitere Rezepte sammeln lassen (nach vorher festgelegten Kriterien) oder eigene entwickeln und dokumentieren (z. B. Rezeptbuch).
Wir kaufen ein			**S. 134**
• berücksichtigen Kriterien für einen Einkauf. • beachten Mengen und Maßeinheiten.	• erstellen eine gemeinsame Einkaufsliste. • stellen Zutaten zusammen und überlegen, wo eingekauft werden soll.	• entwickeln Verantwortungsbewusstsein gegenüber Kulturgütern. • fördern Sensibilität für die Anliegen des Umweltschutzes (z. B. Verpackungen). • entwickeln Bereitschaft zu sach- und sozialbezogener Kommunikation.	Sinnvoll erscheint es, den Einkauf in Gruppen zu organisieren. Diese können nach Nahrungsgruppen, Rezepten oder Einkaufszielen eingeteilt werden.
Frühstück in der Schule			**S. 135**
• entnehmen Informationen aus Bildern. • erkennen Konfliktsituationen und diskutieren.	• legen Wünsche und Regeln für das gemeinsame Schulfrühstück fest.	• entwickeln Bereitschaft zu sach- und sozialbezogener Kommunikation und zu konstruktiven Konfliktlösungen.	Die Wünsche der Kinder können auch grafisch, z. B. in Form einer Collage oder eines Gruppenplakats, festgehalten werden.
Wochenplan für mein Schulfrühstück			**S. 136**
• gewinnen über einen längeren Zeitraum (1 Woche) Kenntnisse über die eigenen Ernährungsgewohnheiten (ggf. auch über die Ernährungsgewohnheiten der Mitschüler). • wenden erworbenes Wissen über gesunde Ernährung bewusst an.	• denken über die Grundfragen des Konsums und des Umweltschutzes nach. • dokumentieren Ergebnisse und Sachverhalte in einer Tabelle und präsentieren diese ggf.	• entwickeln Verantwortung für den eigenen Körper (ggf. eigene Ernährungsgewohnheiten überdenken und ändern).	Es können aufgrund der Einzelergebnisse auch Klassenlisten erstellt werden (z. B. beliebtestes Getränk, beliebteste Obstsorte usw.).

Name	Datum			

Gesunde Ernährung 1

Name	Datum			

Gesunde Ernährung 2

❖ Plant gemeinsam ein Klassenfrühstück und bereitet es vor!
❖ Was macht ihr? Was braucht ihr? Wer macht was? Wann? Wo? …

Name	Datum			

Wir ernähren uns gesund

❖ Was isst du an einem Tag? Erstelle einen Essensplan!
Deine Tabelle kann so aussehen:

zum Frühstück	vormittags (in der Schule)	zum Mittagessen	nachmittags	zum Abendbrot	später am Abend

❖ Sprecht über eure Essenspläne! Was ist gleich? Was ist anders?

Name	Datum			

Unsere Nahrung 1

Überschriften für Plakate

Gemüse
Getreide/Kartoffeln
Obst
Getränke
Milch/Milchprodukte
Fleisch/Fisch/Eier
Fette

Name	Datum			

Unsere Nahrung 2

Ausschneidebogen 1

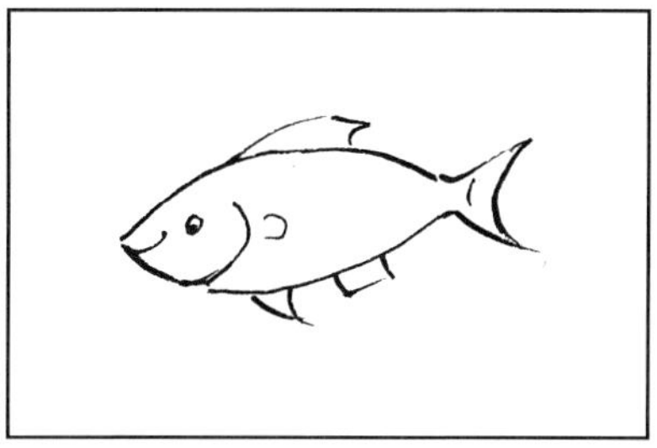
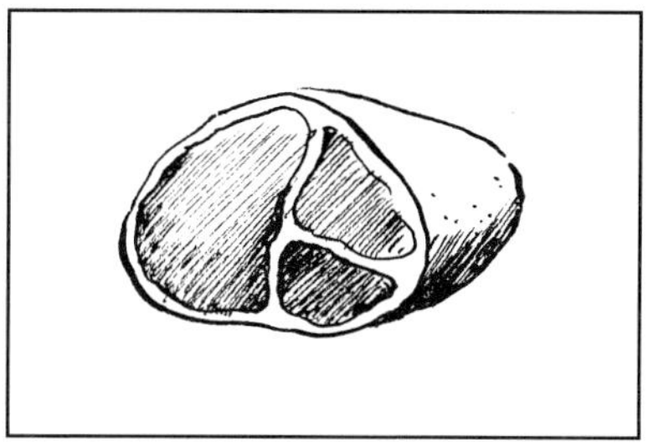

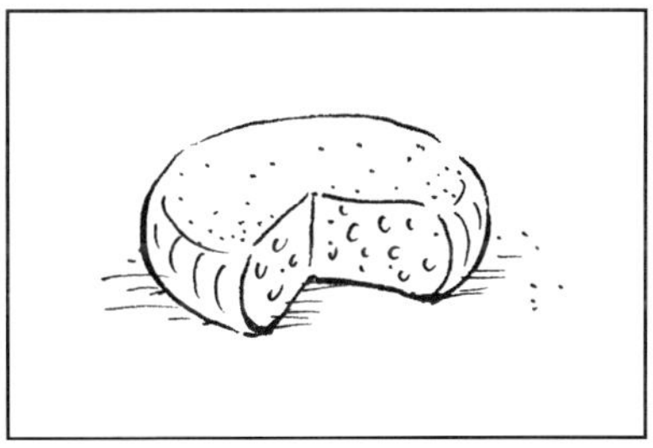

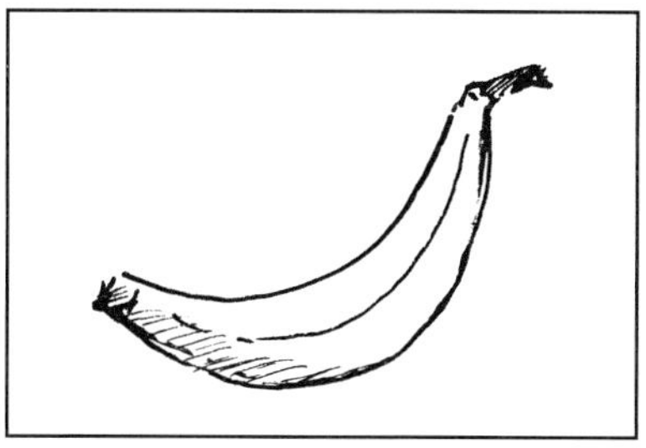
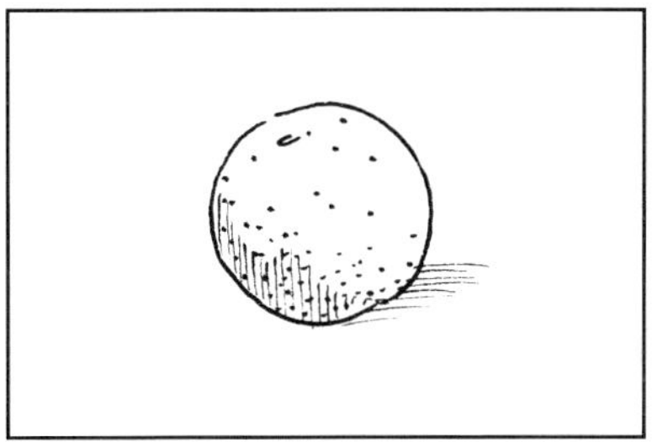

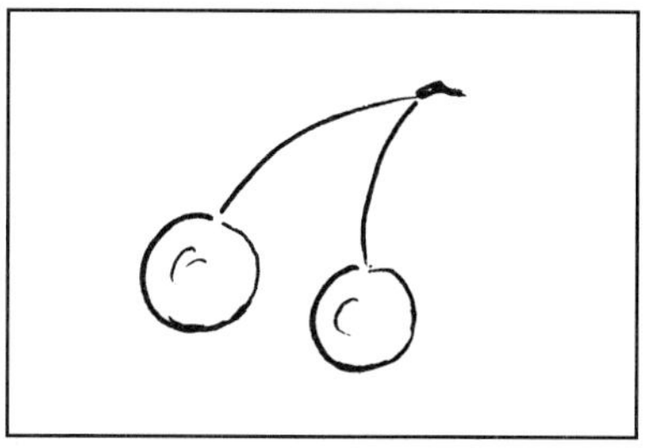

❖ Schneide die Karten aus!

❖ Ordne jede Karte einem Sammelbegriff zu!

Name	Datum			

Unsere Nahrung 3

Ausschneidebogen 2

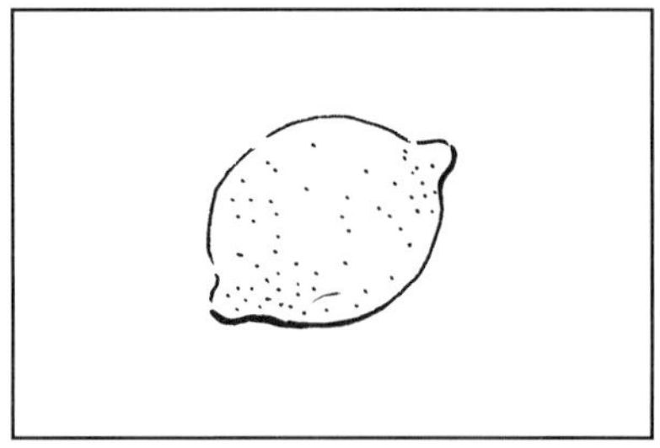

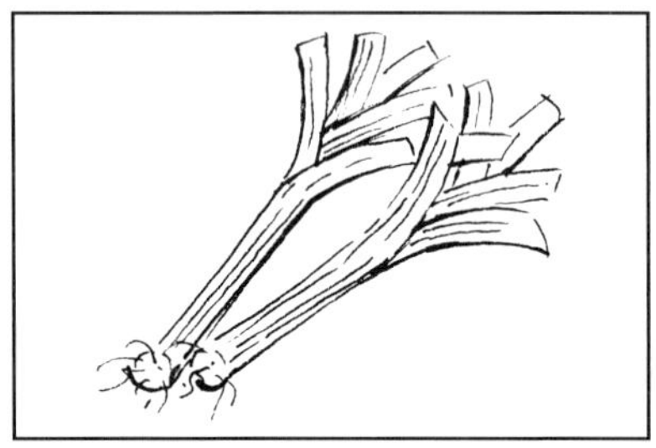

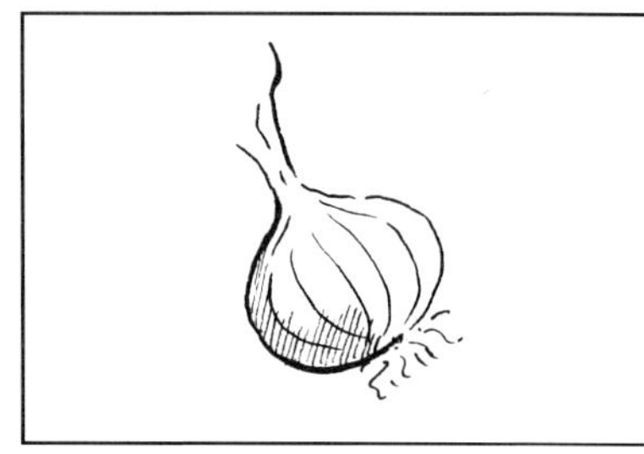

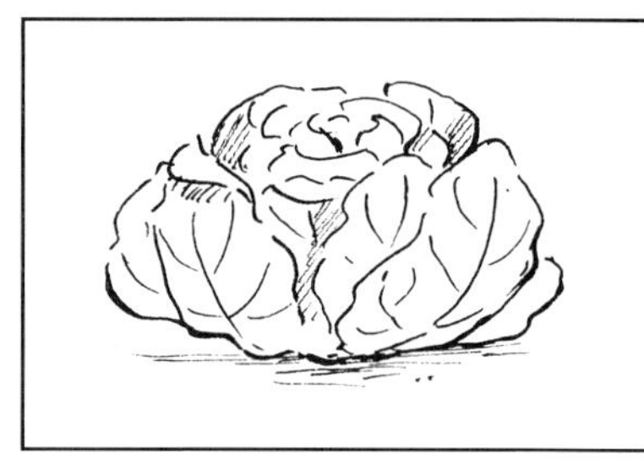

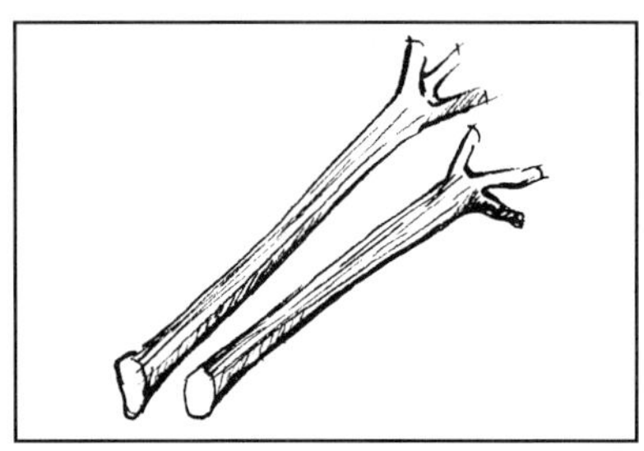

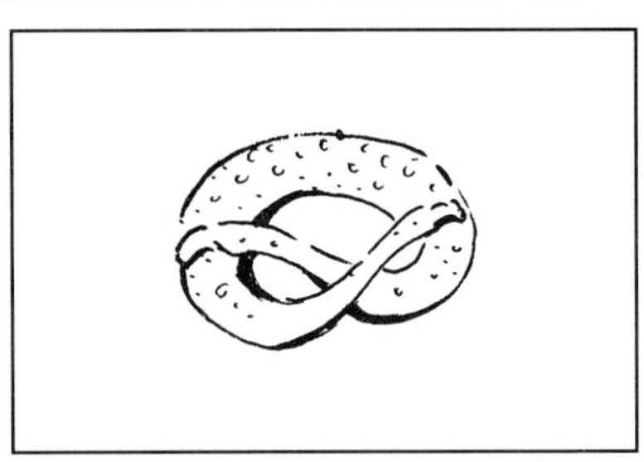

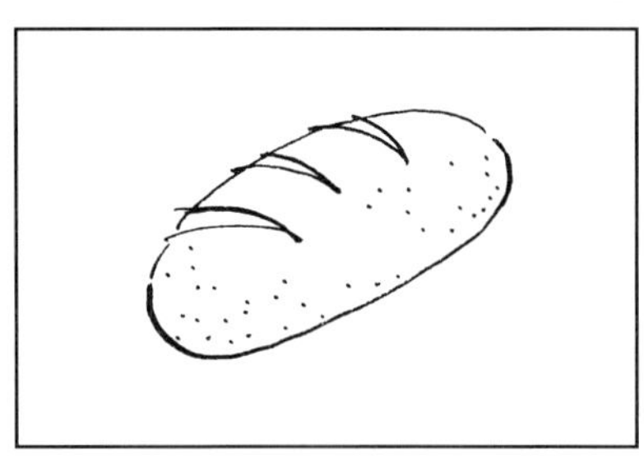

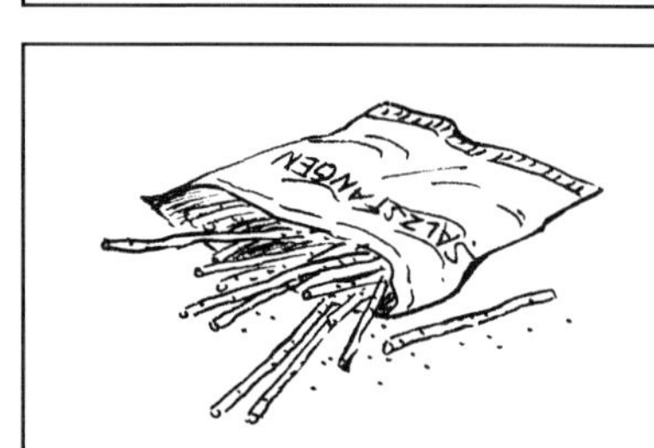

- ❖ Schneide die Karten aus!
- ❖ Ordne jede Karte einem Sammelbegriff zu!

Name	Datum			

Morgens schon an das Schulfrühstück denken

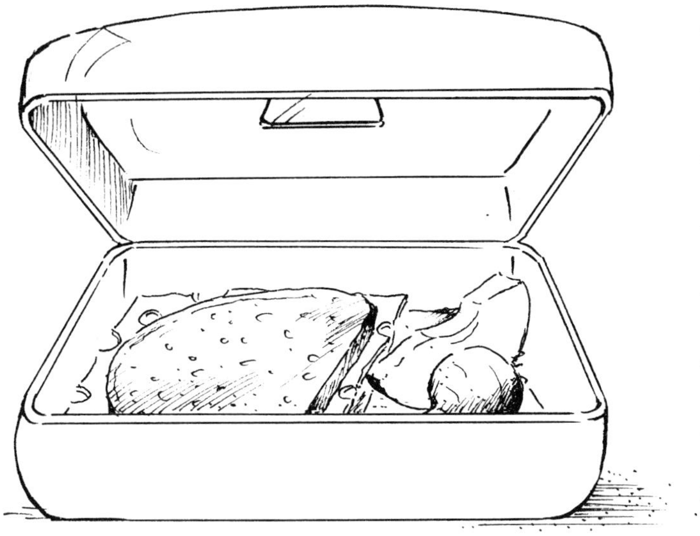

Warum ist eine Brotdose besser als Alufolie oder als eine Plastiktüte?

____

____

____

____

____

____

❖ Belege dein Frühstücksbrot lecker und gesund!

Aus jeder Spalte kannst du eine Zutat wählen.

Leberwurst Käse Quark Schinken Hüttenkäse	Radieschen Gurke Paprika Tomate Banane Möhre Salatblatt Kohlrabi	Petersilie Schnittlauch Kresse

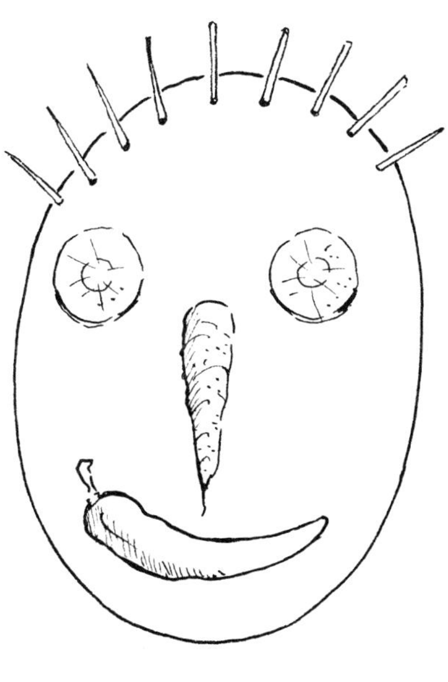

❖ Stellt gemeinsam Regeln für eine gesunde Ernährung auf!

Name	Datum			

Quark mit Obst

Ich brauche für eine Person:

- 100 g Quark
- 3 Esslöffel Milch
- 1 kleinen Apfel und anderes Obst (Banane, Erdbeeren, Pfirsich, ...)
- 2 Esslöffel Honig

Und so bereite ich meinen Quark zu:

1. Ich rühre den Quark mit der Milch und dem Honig cremig.

2. Ich wasche gründlich den Apfel und das andere Obst.

3. Dann schneide ich alles in kleine Stücke.

4. Ich mische Obst und Quark.

5. Ein paar Stückchen Obst nutze ich zum Verzieren.

Name	Datum			

Bunte Obstspieße

Ich brauche:

- verschiedene Obstsorten, z. B.: Erdbeeren, Ananas, Kiwi, Apfel, Birne, Kirschen, Mandarinen, Pflaumen
- Zitronensaft
- Holzspieße

Und so wird es gemacht:

1. Das Obst gründlich waschen.

2. Das Obst in Stücke schneiden.

3. Das Obst mit etwas Zitronensaft beträufeln. Dann wird es nicht so schnell braun.

4. Schließlich das Obst auf die Spieße stecken.

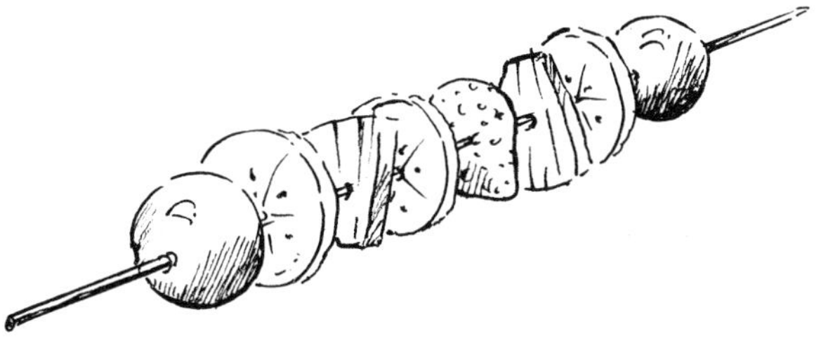

Name	Datum			

Wir kaufen ein

❖ Schreibt auf, was ihr wo einkaufen wollt!

Darauf wollen wir achten:

Frische, Preis, Auswahl, Verpackung, Nähe, Größe, Bedienung

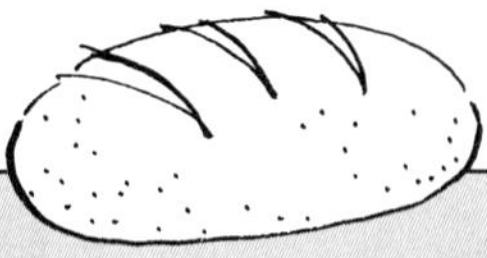

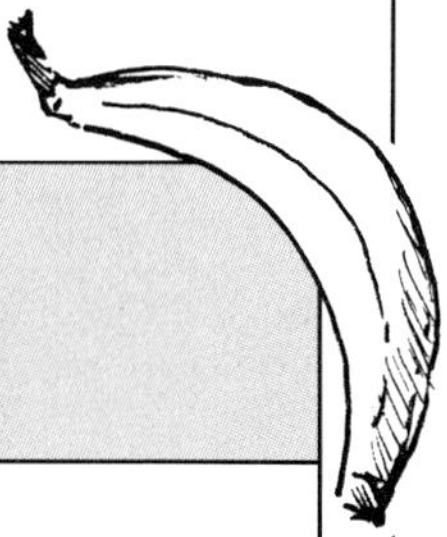

Supermarkt	Gemüseladen

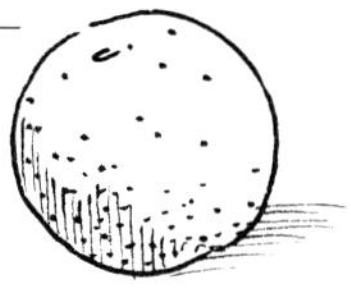

Wochenmarkt	______________________

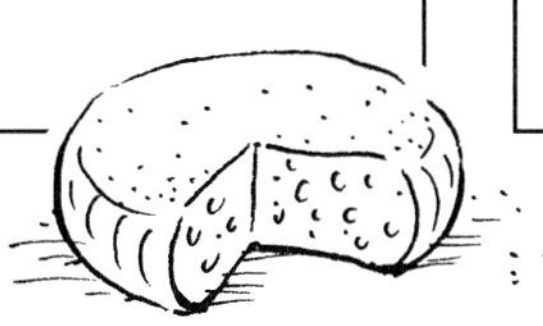

Name	Datum			

Frühstück in der Schule

Wünsche für unsere Frühstückspausen

❖ Stelle zusammen mit einem Partner Regeln für eure Frühstückspausen auf!

Name	Datum			

Wochenplan für mein Schulfrühstück

	Getränke	Speisen	
Mo			
Di			
Mi			
Do			
Fr			

Hast du dich an diesen Plan gehalten?

10 Pflanzen

Überlegungen und Anregungen zur Didaktik und Methode:

Kenntnisse über Bäume und Frühlingsblumen erweitern

Tragfähige Grundlagen *Die Kinder …*			**Bemerkungen**
Kenntnisse	**Fertigkeiten/ Fähigkeiten**	**Einstellungen/ Haltungen**	
Ein Fenster zur Natur **Mein Natur-Fenster**			**S. 139** **S. 140**
• lernen die verschiedenen Pflanzen und Tiere kennen, die in diesem Raum leben.	• betrachten und beobachten Pflanzen und Tiere über einen längeren Zeitraum. • dokumentieren ihre Beobachtungen.	• entwickeln eine Fragehaltung. • übernehmen Verantwortung.	Handelnder Umgang und erste Auseinandersetzung mit einem Stück belebter Natur. Bestimmungsbücher und andere Hilfen müssen zur Verfügung stehen. Gut wäre es, wenn die Kinder auch Fotos machen könnten.
Ein Baum, der mir gefällt **Mein Baum** **An den Blättern den Baum erkennen**			**S. 141** **S. 142** **S. 143**
• kennen die Namen einiger Bäume. • kennen und benennen die Teile eines Baumes. • kennen möglichst viele Bäume. • lernen Adjektive zur Beschreibung der Blätter kennen.	• sammeln möglichst viele Informationen über einen Baum. • basteln einen Baum. • machen einen Ausstellungstisch zu einem Baum. • legen eine Sammlung von Blättern auf Karteikarten an.	• gewinnen Achtung und Respekt vor einem Lebewesen. • interessieren sich für die Phänomene der Natur.	Die Kinder können sich selbst einen Baum aussuchen. Auch hier sollten möglichst viele Hilfsmittel zur Verfügung stehen. Natürlich kann die Aufgabe auch in Partner- oder Gruppenarbeit gelöst werden.
Frühling im Garten			**S. 144**
• erkennen und benennen Frühlingsboten. • lernen Arbeitsabläufe im Garten kennen und beschreiben diese.	• entnehmen einem Bild Informationen. • beschreiben Vorgänge.	• öffnen sich für die Ereignisse in der Natur. • freuen sich über das Erwachen in der Natur.	An Vorerfahrungen und eigene Beobachtungen wird angeknüpft.
Frühblüher in Gärten und Parks			**S. 145**
• erweitern ihre Kenntnisse von Blumen und Pflanzen. • lernen besondere Speicherorgane (Zwiebel, Knolle, unterirdische Ausläufer) einiger Pflanzen kennen.	• beobachten das Wachsen im Frühling. • ergänzen Sachzeichnungen. • beschaffen Informationen. • präsentieren Ergebnisse.	• setzen sich mit natürlichen Phänomenen in ihrer Umwelt auseinander.	Direkte Begegnung mit der Natur ermöglichen z. B. einen Unterrichtsgang in Gärten, Parks oder Wiesen.

Tragfähige Grundlagen *Die Kinder …*			Bemerkungen
Kenntnisse	**Fertigkeiten / Fähigkeiten**	**Einstellungen / Haltungen**	
Die Tulpe			**S. 146**
• benennen die Teile der Tulpe.	• ordnen die Teile. • kleben die Gestalt einer Tulpe.	• erhöhen durch sorgfältiges Arbeiten die Freude am eigenen Produkt.	Wenn möglich, wird eine Tulpe als Anschauungsobjekt in den Klassenraum geholt.
Das Tulpenjahr			**S. 147**
• stellen Abläufe und Veränderungen im Jahreslauf der Tulpe fest und benennen sie.	• vergleichen und ordnen.	• gewinnen die Einsicht, dass Lebewesen viele Erscheinungsformen (Stadien) durchlaufen müssen.	Gedicht: „Die Tulpe“ von Guggenmos.
Mein Kisten-Garten			**S. 148**
• erweitern ihre Artenkenntnisse.	• lassen die Pflanzen keimen und pflegen sie. • beobachten Pflanzen. • notieren Beobachtungen.	• übernehmen Verantwortung. • entwickeln Zuverlässigkeit.	Die Kinder werden bei der Materialbeschaffung beteiligt (Kisten im Supermarkt, Folien, Saatgut, …).
Pflanzen für unseren Klassenraum			**S. 149**
• lernen die Lebensbedingungen von Pflanzen kennen.	• planen langfristig. • sprechen Regeln ab und halten sie ein.	• setzen Pflanzen zur Gestaltung ein. • erleben Pflanzen als Bereicherung.	Untersetzer nicht vergessen!

Name	Datum			

Ein Fenster zur Natur

Ob du im Dorf wohnst oder in der Stadt,
ein Stück Natur ist immer in deiner Nähe.

Suche ein Stück Wald, Wegrand oder Wiese und lege ein Natur-Fenster an!

Material:

- 4,50 m Schnur
- 4 Stöcke je 50 cm lang

So gehe ich vor:

Miss einen Quadratmeter Fläche ab!
Schlage an den vier Ecken die Stöcke ein!
Lege möglichst nah am Boden die Schnur um die Stöcke!

Was du in deinem Natur-Fenster beobachten kannst?

- Schaue jede Woche dein Natur-Fenster genau an!
- Schreibe auf, was du beobachtet hast!
- Mache Zeichnungen oder Skizzen!
- Lege für die Beobachtung einzelner Pflanzen je eine eigene Seite an!
- Sammle Blüten, Blätter, Samen oder was du sonst noch finden kannst und klebe es auf ein Blatt!
- Welche Pflanzen findest du?
- Welche Tiere kannst du beobachten?
- Untersuche mit der Becherlupe!
- Fange Lebewesen vorsichtig ein, betrachte sie, zeichne sie möglichst genau und setze sie in deinem Natur-Fenster wieder aus!
- Was gehört nicht dorthin, z. B. angewehte Feder, abgefallener Zweig, Papier, ...?
- Wie ist der Boden?
- Wie viel Sonne bekommen die Pflanzen?
- Wie viel Regen bekommt dein Stück Natur?

❖ Wenn du etwas nicht weißt, schlage in einem Bestimmungsbuch nach oder frage deine Lehrerin oder deinen Lehrer, Eltern, Bekannte, Experten, ...!

Name	Datum			

Mein Natur-Fenster

Was ich entdeckt habe:

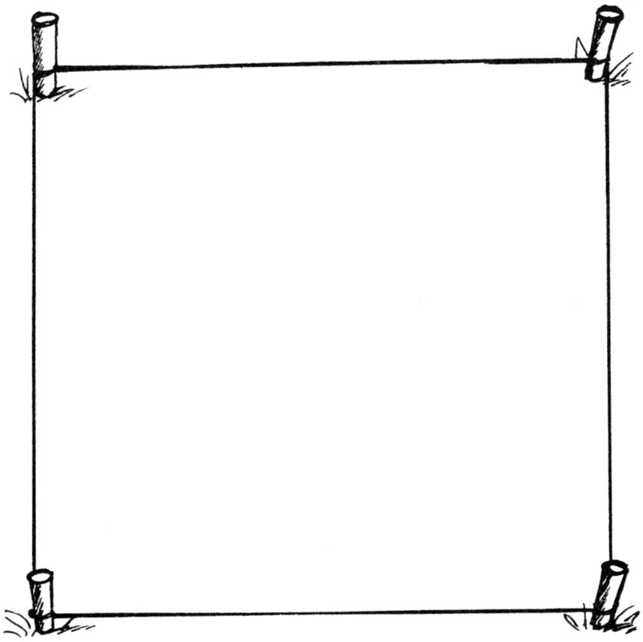

Datum	Beobachtungen

Name	Datum			

Ein Baum, der mir gefällt

❖ Suche dir einen Baum aus!
Versuche möglichst viel von ihm zu erfahren!

Was ist das für ein Baum?
Wie alt ist er?
Wie hoch ist er?
Wie weit breitet er seine Äste aus?
Wie dick ist sein Stamm?
Wie sieht seine Rinde aus?
Wie sehen seine Blätter aus?
Welche Tiere wohnen auf ihm?
Wie sehen seine Früchte aus?
Wer frisst seine Früchte?
Wie werden Früchte und Samen verbreitet?
Was wird aus seinem Holz gemacht?
Gibt es Geschichten, Märchen, Gedichte, Lieder von ihm?
Warum gefällt dir dieser Baum?

❖ Mache eine Ausstellung von deinem Baum!

KOPIERVORLAGE

Name	Datum			

Mein Baum

❖ Sammle von einem bestimmten Baum 30 bis 40 Blätter!
Presse sie fünf Tage zwischen Zeitungspapier!
Lege etwas Schweres darauf!

❖ Gestalte deinen ausgewählten Baum!

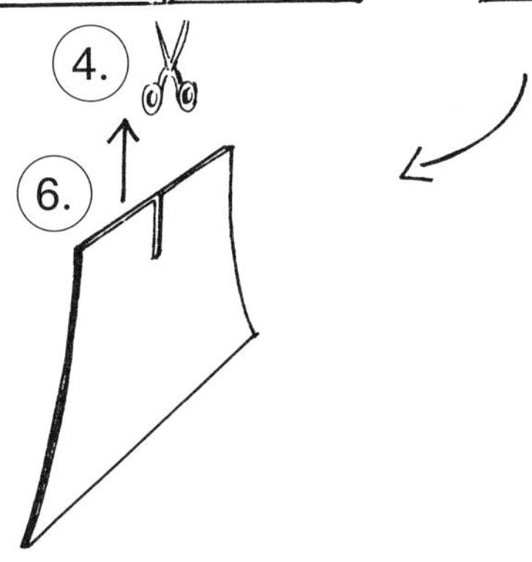

1. Aus Pappe den Stamm mit Krone ausschneiden (ca. 50 cm hoch).
2. Die Krone auf beiden Seiten mit den gepressten Blättern eines Baumes bekleben.
3. Das untere Ende des Stammes nochmals auf Pappe legen, aufzeichnen und ausschneiden.
4. Das Stammende von unten einschneiden.
5. Das Zusatzstück von oben einschneiden.
6. Beides so zusammenstecken, dass der Baum stehen kann.

Name	Datum			

An den Blättern den Baum erkennen

❖ Wenn du möglichst viele Bäume kennen lernen willst, legst du dir am besten eine Blattsammlung an.

Trockne die Blätter in einer Pflanzenpresse. (Als Pflanzenpresse dienen zwei Hartfaserplatten in der Größe eines DIN-A4-Blattes mit einer fingerdicken Lage von gleich großem Zeitungspapier. Das Ganze wird mit vier Gummiringen zusammengehalten.) Lasse die Blätter etwa vierzehn Tage zwischen den Papierlagen der Presse trocknen. Lege dann für jedes Blatt eine Karteikarte an. Klebe die Blätter darauf und beschrifte sie.

Baum: ....

Blattform: ....

Blattrand: ....

Rotbuche

Eiche

Ulme

Rosskastanie

Linde

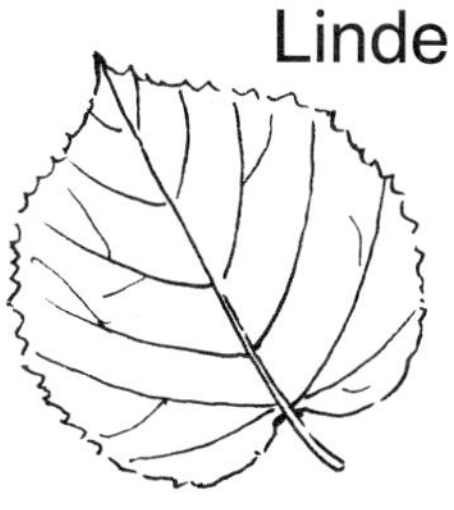

Ahorn

Birke

Erle

Pappel

Esche

Blattformen:

eiförmig, herzförmig, handförmig, gelappt, gefiedert, oval, dreieckig, …

Blattränder:

gesägt, gezähnt, gekerbt, ausgebuchtet, glatt, …

Mit den Karteikarten kannst du Erkennungsübungen machen.

Name

Datum

Frühling im Garten

KOPIERVORLAGE

Name	Datum			

Frühblüher in Gärten und Parks

❖ Trage die Namen der Blumen ein!
Die Silben können dir helfen: -a-, -chen, -glöck-, Hy-, Nar-, Kro-, -kus, -pe, -se, Schnee-, -the, Tul-, -zin-, -zis-

❖ Zeichne ein, was unter der Erde wächst!

❖ Mache einen Ausstellungstisch mit anderen Frühlingsblumen!
Vergiss nicht die Namenskärtchen!

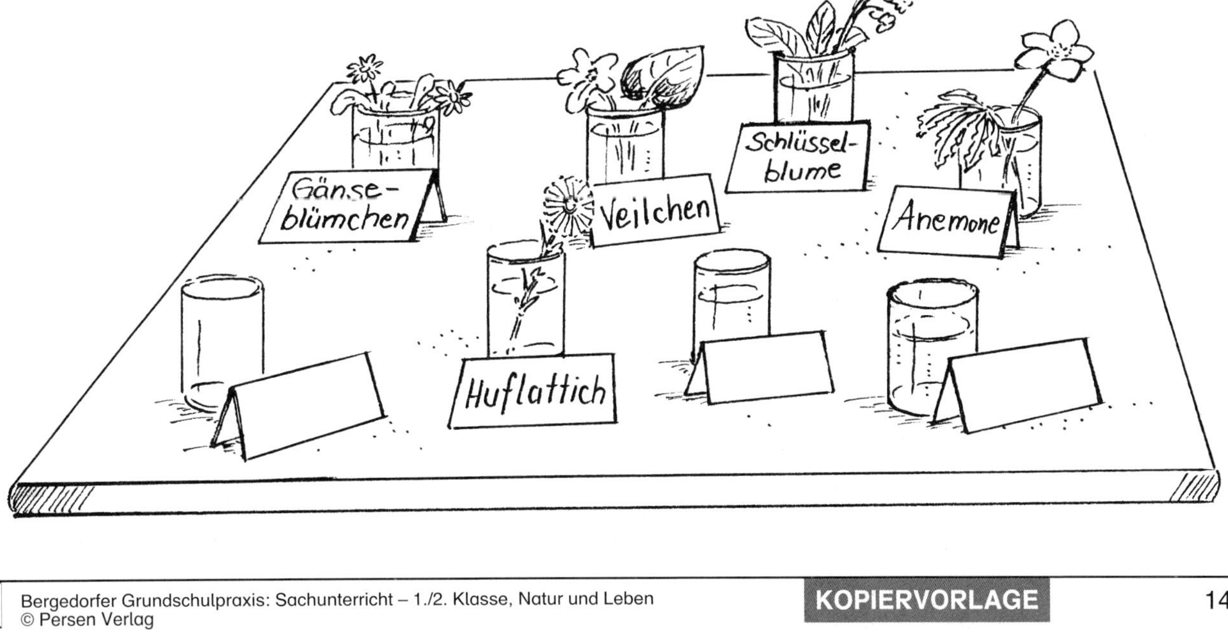

KOPIERVORLAGE

Name	Datum			

Die Tulpe

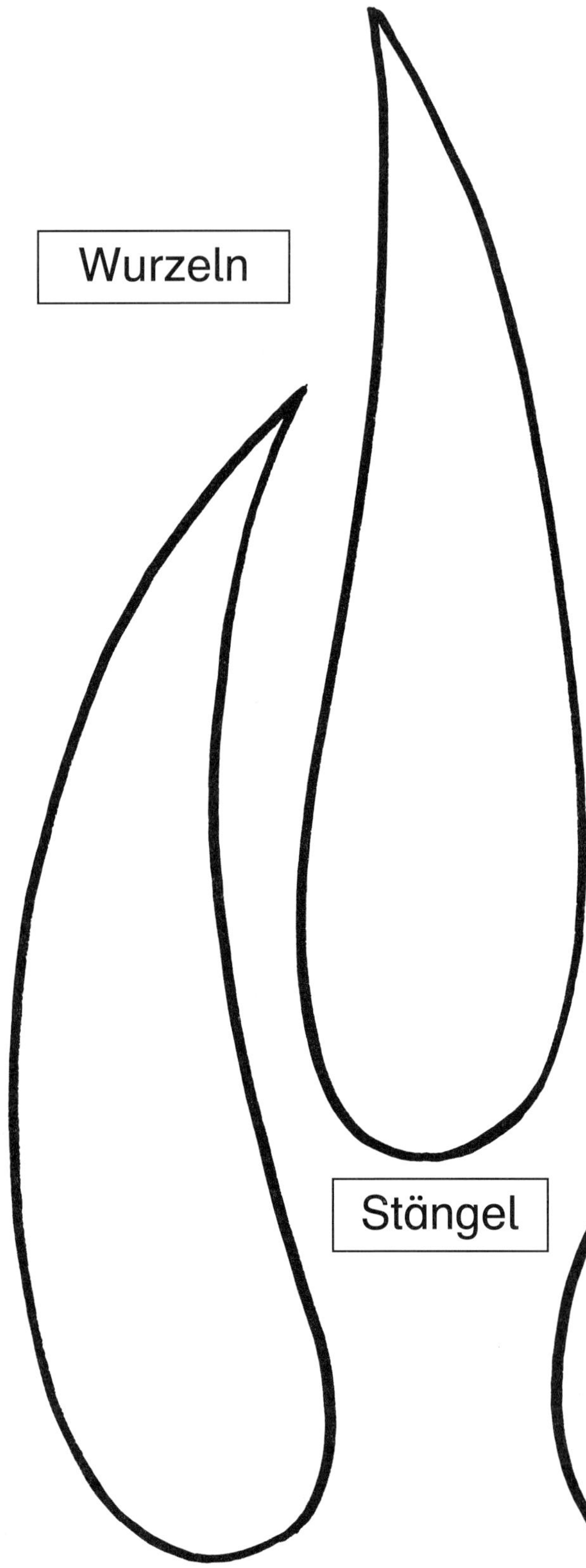

Blätter

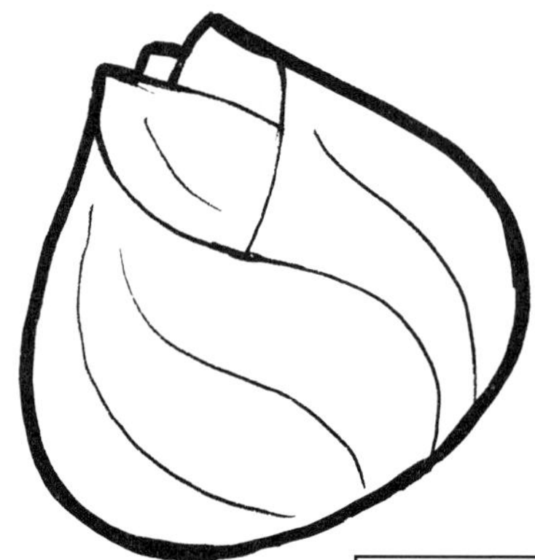

Wurzeln

Blüte

Zwiebel

Stängel

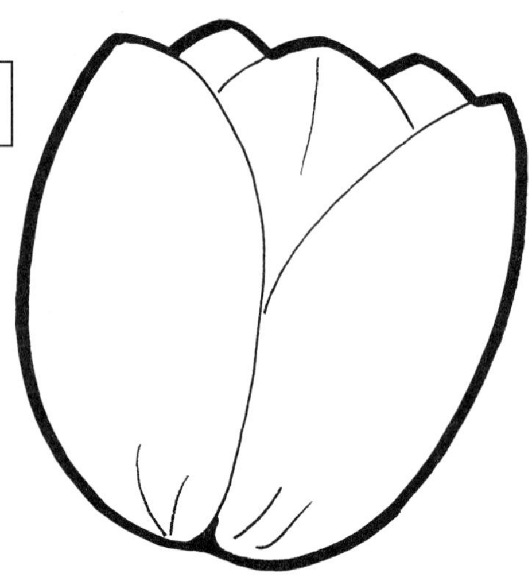

❖ Schneide alle Teile aus und klebe die Tulpe mit den zugehörigen Bezeichnungen richtig zusammen!

Name	Datum			

Das Tulpenjahr

September | Okt.–Febr. | März | April

Mai | Juni | Juli | August

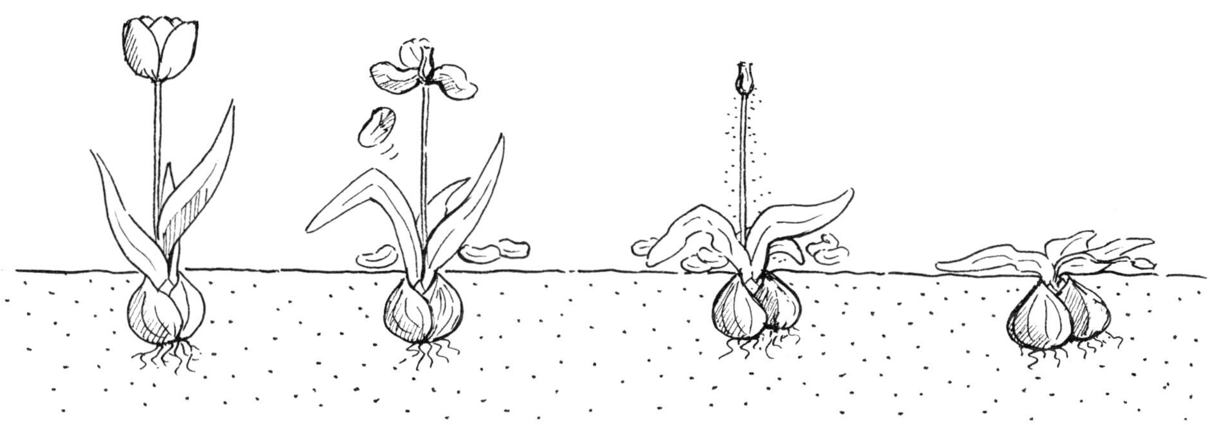

- ❖ Schaue dir an, wie sich die Tulpe im Laufe des Jahres verändert! Sprecht darüber!
- ❖ Schneide die Karten aus, ordne die Textkarten den Bildern zu und klebe sie auf! Du kannst die Bilder auch ausmalen.

Im September wird die Tulpenzwiebel in die Erde gesetzt.	Die Blütenblätter fallen ab, der Samen entwickelt sich.	Im Mai blüht die Tulpe in voller Pracht: weiß, rot, gelb, orange.	Im Frühling schiebt sich das erste Blatt aus der Erde.
Es dauert nicht lange, dann sind auch der Stängel und die Knospe zu sehen.	In der kalten Jahreszeit ruht die Zwiebel in der Erde.	Die Teile über der Erde sterben ab. Die Zwiebel speichert die Nährstoffe.	Der Samen wird ausgeworfen. Es hat sich eine Tochterzwiebel gebildet.

Name	Datum			

Mein Kisten-Garten

Material:

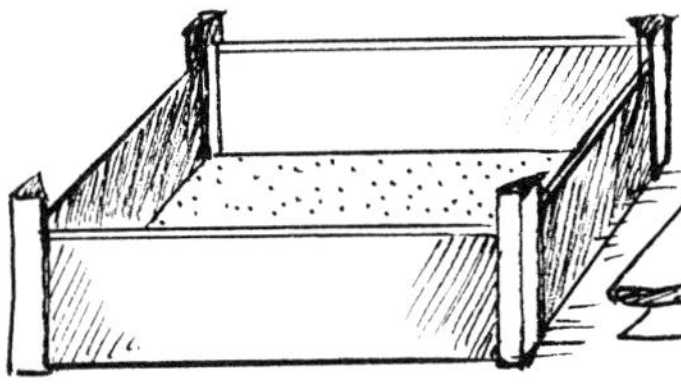

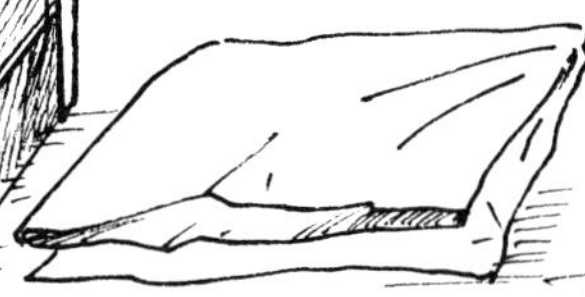

Holzkiste Folienbeutel Erde

So gehe ich vor:

- Kiste mit Folie auslegen
- Kiste mit Erde füllen
- überstehende Folie abschneiden

- Beete oder kleine Landschaft anlegen
- Samen säen und Pflanzen einpflanzen
- einen hellen Standort für das Kistenbeet suchen (Fensterbank, überdachte Stelle im Schulgebäude)

- Täglich gieβen, aber nicht zu viel!

❖ Lege eine Tabelle an und trage deine Tätigkeiten und Beobachtungen ein!

Datum	Tätigkeit	Beobachtungen

Name	Datum			

Pflanzen für unseren Klassenraum

❖ Sollen Pflanzen im Klassenraum sein? ja ☐ nein ☐

Begründe deine Meinung im Gespräch!
Es reicht nicht, eine Pflanze mit in die Klasse zu bringen.
Pflanzen brauchen Pflege!

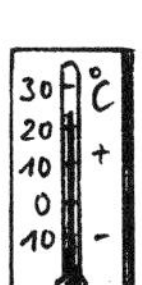

❖ Überlegt gemeinsam, wie die Pflege der Blumen in eurer Klasse organisiert werden kann! Denkt auch an die Ferien!

11 Tiere

Überlegungen und Anregungen zur Didaktik und Methode:

Kenntnisse über Vögel, Haustiere und Zootiere erweitern

Tragfähige Grundlagen *Die Kinder …*			**Bemerkungen**
Kenntnisse	**Fertigkeiten / Fähigkeiten**	**Einstellungen / Haltungen**	
Tiere auf dem Schulgelände			**S. 152**
• kennen Lebewesen in der unmittelbaren Umgebung und benennen sie.	• beobachten, benennen und beschreiben Pflanzen und Tiere. • üben den Umgang mit einer Lupe ein. • fertigen Sachzeichnungen an.	• gewinnen Einsichten in Lebensräume • gehen achtsam mit den Lebewesen um.	Die Kinder sollen sich behutsam auf die Suche machen. Dafür müssen Unterseiten von Blättern, Laub und Erdboden sorgfältig beobachtet werden.
Vögel beobachten			**S. 153**
• erweitern ihre Artenkenntnisse. • erkennen die Regelhaftigkeit des Vogelzuges. • unterscheiden zwischen Zugvögeln und Standvögeln.	• äußern und überprüfen Vermutungen. • beobachten genau. • notieren Beobachtungen.	• erlangen Respekt vor Lebewesen und Vorgängen in der Natur.	Eventuell wird ein Film eingesetzt. Informationsmaterial wird bereitgehalten. Im Herbst beobachten die Kinder, wie sich die Zugvögel sammeln. Auf einer Landkarte wird der Zug der Vögel markiert.
Die Amseln und ihre Jungen			**S. 154**
• wissen, wie die Amsel ihre Jungen aufzieht. • wissen, wie sich Männchen und Weibchen die Arbeit teilen.	• beobachten und vergleichen. • sammeln Nistmaterial.	• interessieren sich für das Leben der Vögel. • achten darauf, dass Vögel beim Brüten nicht gestört werden. • gewinnen Respekt vor der Leistung der Tiere.	Die Kinder erzählen, wo sie ein Nest gesehen oder gefunden haben.
Tiere auf dem Bauernhof **Nutztiere**			**S. 155** **S. 156**
• kennen und benennen Haustiere. • erkennen Zusammenhänge.	• ordnen und ordnen zu. • benennen, reflektieren und beschreiben Zusammenhänge.	• erfahren die Nützlichkeit der Haustiere für das eigene Leben. • erkennen artgerechte Haltung als Notwendigkeit.	Am besten ist es, einen Bauernhof aufzusuchen. Wo das nicht möglich ist, wird durch Bilder der Inhalt anschaulich vermittelt.

Tragfähige Grundlagen *Die Kinder …*			**Bemerkungen**
Kenntnisse	**Fertigkeiten/ Fähigkeiten**	**Einstellungen/ Haltungen**	
Tiere im Zoo **Was fressen Tiere im Zoo?** **Zu welchem Tier gehören diese Körperteile?** **Mein Lieblingszootier**			**S. 157** **S. 158** **S. 159** **S. 160**
• kennen und benennen Zootiere. • beschreiben ihre Lebensräume. • kennen ihre Nahrungsbedürfnisse. • setzen Körperbau und Umwelt in Beziehung. • beschäftigen sich mit einem Zootier besonders.	• beobachten und beschreiben. • erkennen, reflektieren und beschreiben Zusammenhänge. • vergleichen Lebensraum und Zoogehege. • beschaffen sich Informationen. • werten Informationen aus und fassen sie zusammen.	• sammeln Gründe für eine Zoohaltung. • bedenken die Beeinträchtigung der Zootiere. • wägen positive und negative Aspekte ab.	Möglichst einen Zoobesuch planen und durchführen. Erkundungsaufgaben planen und einen Erkundungsbogen entwickeln. Auf jeden Fall über Sinn und Zweck der Zoohaltung von Tieren sprechen. Planung und Durchführung eines Zoobesuchs können projektartig erfolgen.
Heimtiere **Der Wellensittich** **Was braucht ein Wellensittich?** **Was ich von meinem Heimtier wissen muss**			**S. 161** **S. 162** **S. 163** **S. 164**
• wissen, welche Heimtiere es zu kaufen gibt. • kennen Heimtiere. • kennen die Lebensweise von Heimtieren. • erkennen Voraussetzungen für die Haltung eines Heimtieres. • wählen sich ein Lieblingsheimtier aus.	• suchen eine Zoohandlung auf. • informieren sich über das Leben eines Heimtieres. • sammeln Gründe für den Kauf eines Heimtieres. • schätzen die eigenen Lebensumstände ein.	• freuen sich am Umgang mit Tieren. • klären wichtige Fragen des Umgangs mit Tieren. • übernehmen Verantwortung für ein Tier.	Kinder möchten gerne ein Tier haben. Sie müssen aber wissen, dass Tiere kein Spielzeug sind und besonderer Wartung und Pflege bedürfen. Sie sollen erfahren, dass jedes Tier eine eigene Umwelt und eigene Bedürfnisse hat, die bei der Haltung von Tieren berücksichtigt werden müssen. Thema eignet sich ebenfalls gut zur projektartigen Bearbeitung.
Natur-Memory 1 **Natur-Memory 2** **Natur-Memory 3** **Natur-Memory 4** **Natur-Memory 5**			**S. 165** **S. 166** **S. 167** **S. 168** **S. 169**
• vertiefen ihre Kenntnisse über Pflanzen und Tiere. • erkennen Zusammenhänge.	• erkennen Zusammenhänge. • suchen Ordnungskriterien und wenden sie an. • entwickeln Spielregeln und setzen sie um.	• freuen sich am Spiel und am erworbenen Wissen.	Karten kopieren, laminieren und ausschneiden. Lege-, Übungs-, Gedächtnisspiel. Es kann mit zwei Karten begonnen werden oder mit einigen Drillingen. Wichtig ist beim Spielen, die Karten einzeln aufzudecken und zu benennen und auf ihren alten Platz zurückzulegen.

Name | Datum

Tiere auf dem Schulgelände

❖ Suche auf dem Gelände deiner Schule nach Tieren!
Zeichne mindestens drei verschiedene Tiere ein, die du entdeckt hast (z. B. Vogel, Schmetterling, Schnecke, Spinne, Käfer)!

Name	Datum			

Vögel beobachten

Im Winter konntest du auf dem Schulhof, in den Gärten und Parks nur wenige Vögel sehen. Im Frühling sind viele wieder da. Wo waren sie?

❖ Warum ziehen einige Vögel im Herbst fort und kommen im Frühling erst wieder? Kreuze die richtigen Antworten an!

	Im Winter ist es ihnen bei uns zu kalt.
	Sie wollen andere Länder sehen.
	Im Winter finden sie bei uns kein Futter.
	Sie fliegen gerne eine längere Strecke.
	Sie wollen im Winter dort sein, wo es Nahrung für sie gibt.

❖ Trage die Namen der Vögel ein:

Amsel, Blaumeise, Buchfink, Eichelhäher, Kohlmeise, Kuckuck, Rotkehlchen, Schwalbe, Storch

❖ Kreise die Standvögel blau und die Zugvögel rot ein!

❖ Beobachte einen Vogel!
Wie sieht er aus? Weißt du seinen Namen? Was frisst und wie frisst er? Wie bewegt er sich? Wo hält er sich gerade auf? Wohin fliegt er? Wo hat er sein Nest?

❖ Gestalte ein Blatt!

Name	Datum			

Die Amseln und ihre Jungen

❖ Setze die folgenden Wörter in den Text ein:

Astgabel, Eier, Federn, fliegen, Frühling, gefüttert, Männchen, nackt, Nest, Nestbau, Revier, schlüpfen, Tage, Weibchen, Weibchen.

Im ____________ beginnt die Amsel mit

dem ___________ .

Das ____________ sammelt kleine Zweige, Blätter,

Moos, trockene Grashalme, Federn und Wollfäden.

Das Baumaterial wird in einer

____________ angehäuft und

festgetreten. Etwa vier ______ lang müht sich

das Amselweibchen, bis das

______ fertig ist.

Dann legt es 4–5 befruchtete grünliche ______

und beginnt zu brüten.

Es setzt sich auf die Eier und hält sie warm.

Das Amselmännchen bewacht das _________.

Nach 14 Tagen ______________ die Amselküken.

Sie sind noch ganz _______

und hilflos.

Sie sehen nichts und müssen

______________ werden.

Das machen ____________ und ____________ gemeinsam.

Nach zwei Wochen haben die Jungvögel _________, weitere

zwei Wochen später lernen sie __________.

Und bald sind die jungen Amseln selbstständig.

❖ Sammle 250 g von dem Material, aus dem ein Amselnest besteht!
Baue ein Nest daraus! Schaffst du das so gut wie die Amsel?

Name **Datum**

Tiere auf dem Bauernhof

Name	Datum			

Nutztiere

- ❖ Verbinde die Nutzung mit dem dazugehörigen Tier!
- ❖ Suche in Prospekten und Zeitungen nach weiteren Abbildungen! Schneide sie aus und erstelle ein Plakat!

Name	Datum			

Tiere im Zoo

- ❖ Male die Gehege aus!
- ❖ Schneide die Namen aus und klebe sie zu den Tieren.
- ❖ Welche Tiere können klettern (rot), schwimmen (blau), fliegen (gelb), rennen (grün). Unterstreiche die Tiernamen in der angegebenen Farbe!

Antilope	Büffel	Hirsch	Löwe	Seehund	Giraffe	Affe
Pinguin	Elefant	Papagei	Eule	Pelikan	Kamel	Tiger

Name	Datum			

Was fressen Tiere im Zoo?

❖ Verbinde jedes Tier mit seinen Nahrungsmitteln!

❖ Kreise die Pflanzenfresser grün und die Fleischfresser rot ein!

Name	Datum			

Zu welchem Tier gehören diese Körperteile?

❖ Verbinde die Tiere mit dem jeweils richtigen Körperteil!

❖ Sprecht darüber, welche Aufgaben diese Körperteile haben!

Name

Datum

Mein Lieblingszootier

Heimat/Lebensraum

Nahrung

Zusammenleben/ Aufzucht der Jungtiere

Verhalten im Zoo

❖ Finde möglichst viel über dein Lieblingszootier heraus!

KOPIERVORLAGE

Name Datum

Heimtiere

Name	Datum			

Der Wellensittich

Wellensittiche haben ihren Namen durch die gewellte Federzeichnung auf ihrem Kopf und an den Flügeln bekommen. Sie gehören zu den Papageienvögeln (Sittiche). Ihre Heimat ist Australien. Dort leben sie auch heute noch in großen Schwärmen zusammen und brüten in den Eukalyptusbäumen. Gerne fliegen sie zu einem Gewässer und nehmen dort ein Bad.

Die wild lebenden Wellensittiche sind grün und haben im Gesicht ein gelbes Gefieder. Durch Züchtungen gibt es jetzt auch Wellensittiche in Blau, Gelb, Weiß und Grau.
Sie ernähren sich hauptsächlich von Grassamen.
Der Wellensittich ist etwa 16 bis 20 cm groß, er wiegt ca. 40 g und kann bis zu 15 Jahre alt werden.

Die Kleinpapageien zwitschern fröhlich und warnen sich bei Gefahr durch viele verschiedene Laute.
Bei uns in Europa gibt es Wellensittiche erst seit dem Jahr 1840.

- ❖ Unterstreiche alle Aussagen, die über die Lebensgewohnheiten der Wellensittiche in der freien Natur berichten!
- ❖ Befrage deine Eltern, Verwandten, Bekannten oder sieh im Lexikon nach, warum es früher in Europa keine Wellensittiche gab!
  Schreibe das Ergebnis deiner Erkundigung auf!

Name	Datum			

Was braucht ein Wellensittich?

Der Wellensittich ist eines der beliebtesten Heimtiere. Er zwitschert fröhlich und kann die menschliche Sprache sehr gut nachmachen. Er ist ein geschickter Kletterer und Flieger. Er ist anhänglich und zutraulich.
Viele möchten gerne einen Wellensittich haben.
Aber zuerst muss jeder sich überlegen, was Wellensittiche brauchen und ob man sie bis zu 15 Jahre behalten kann.

❖ Schneide die Kärtchen unten aus und klebe die passenden in die Felder!

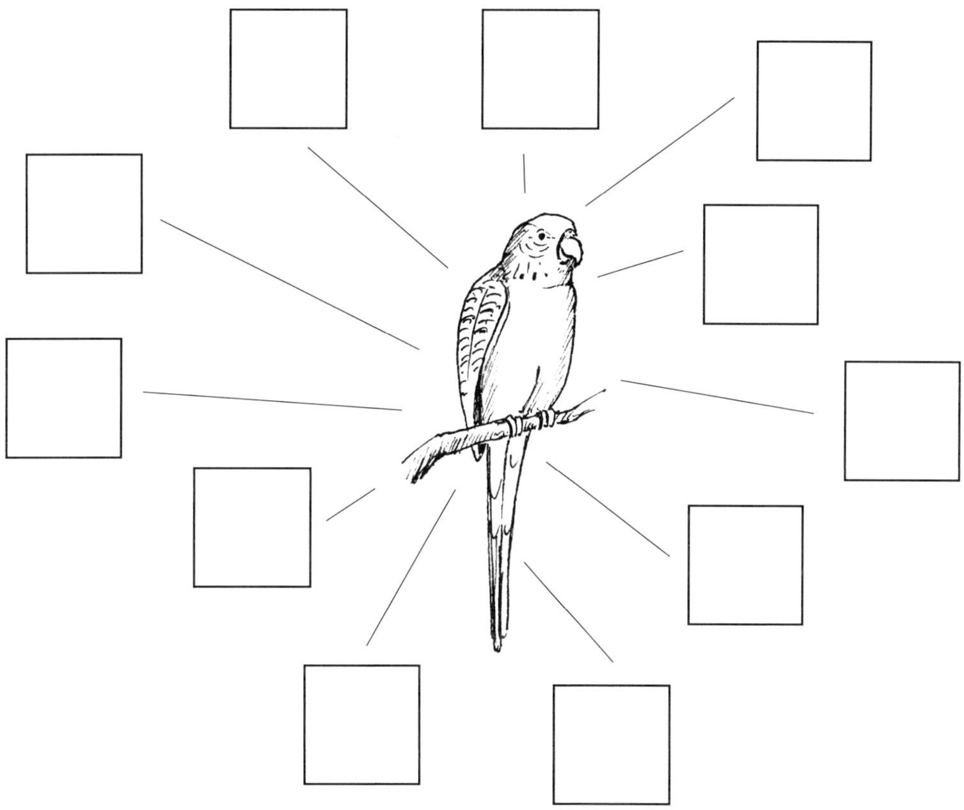

❖ Könntest du einen Wellensittich halten?
Begründe deine Antwort!

Name	Datum			

Was ich von meinem Heimtier wissen muss

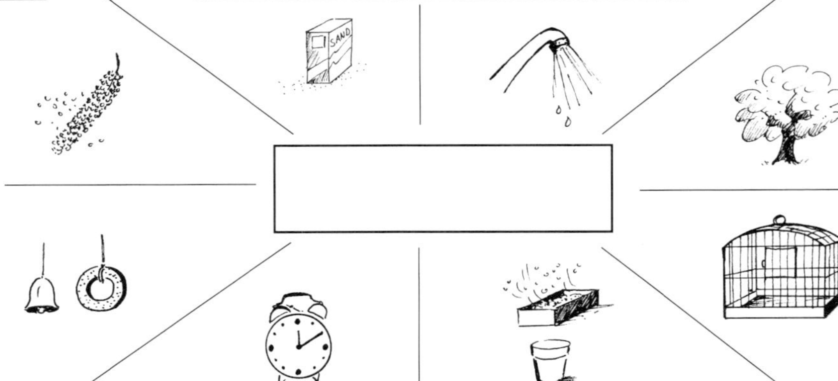

Woher kommt es?

Wie groß wird es?

Welche Bedürfnisse bringt es mit?

Was frisst es?

Wie alt kann es werden?

Wie ist das Klima im Heimatland?

Welche Pflege braucht es?

Wo kann ich es unterbringen?

❖ Stelle dein Lieblingsheimtier vor!

❖ Organisiert eine Heimtierausstellung! Ladet dazu andere Klassen, Eltern, ... ein!

Name	Datum			

Mein Natur-Memory 1

Immer drei Karten gehören zusammen.

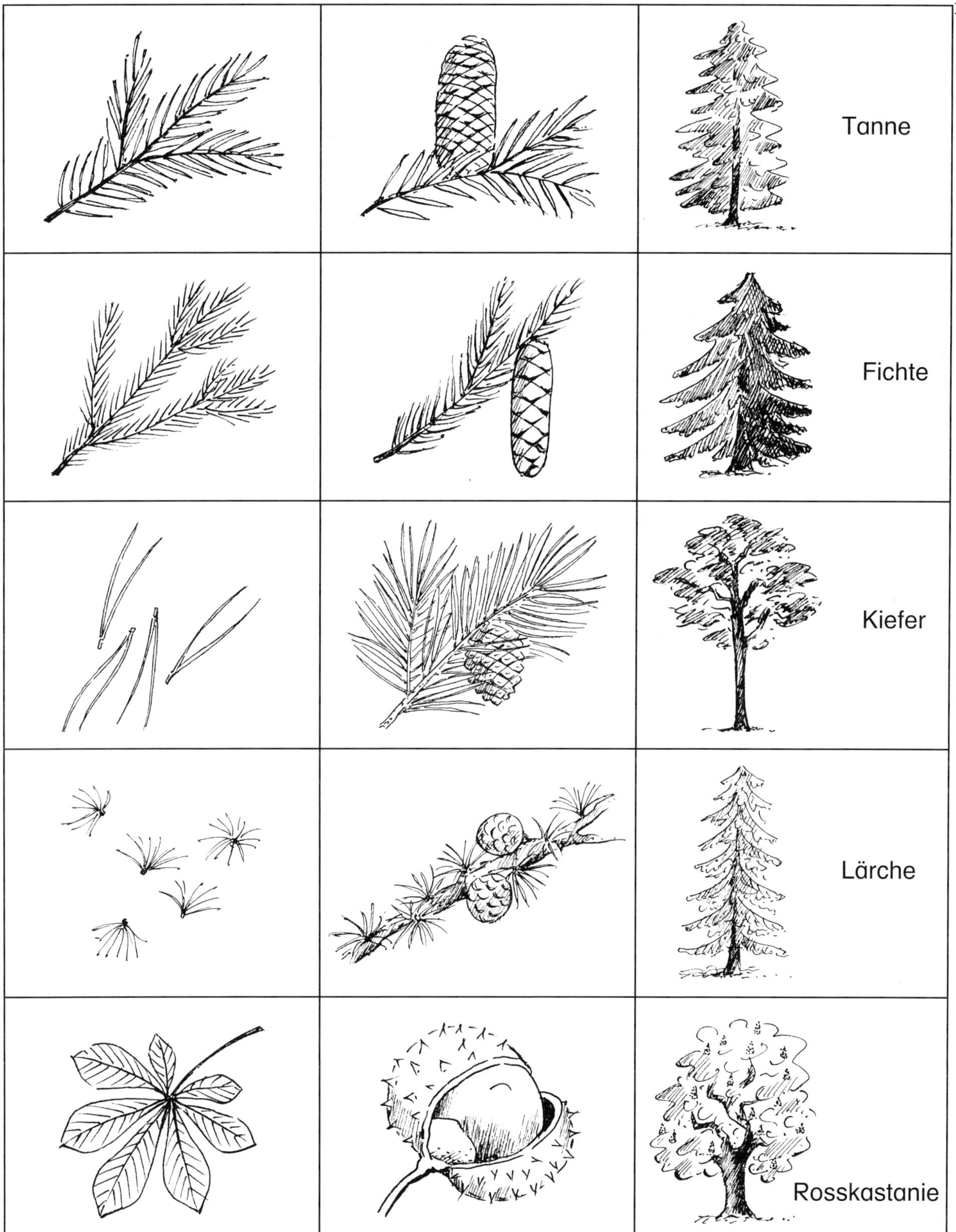

- Schneide die Karten aus!
- Bei diesem Memory gehören immer drei Karten zusammen; deshalb dürfen jeweils auch drei Karten aufgedeckt werden.

Name	Datum			

Mein Natur-Memory 2

Immer drei Karten gehören zusammen.

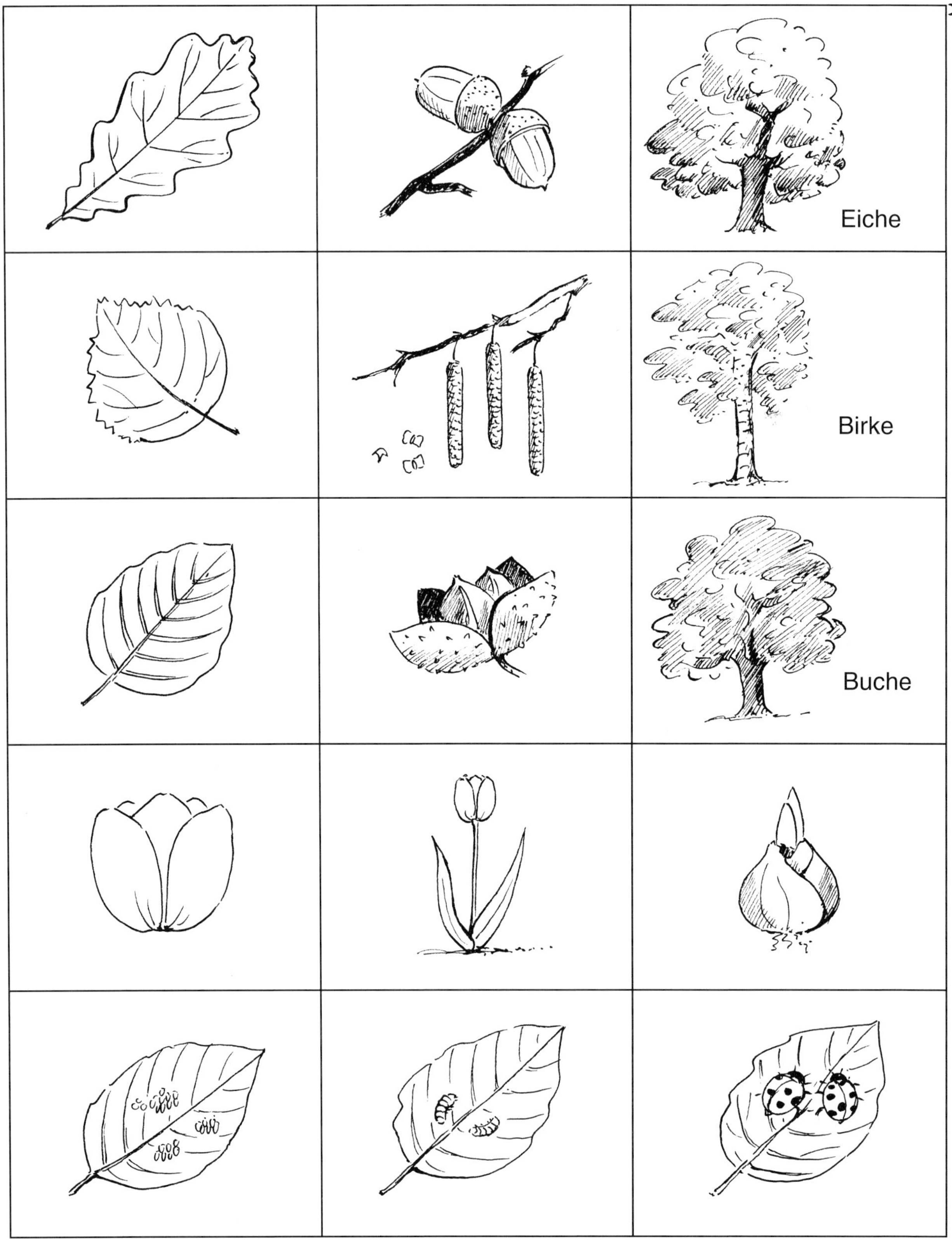

KOPIERVORLAGE

Name	Datum			

Mein Natur-Memory 3

Immer drei Karten gehören zusammen.

Name	Datum			

Mein Natur-Memory 4

Immer drei Karten gehören zusammen.

Name	Datum			

Mein Natur-Memory 5

Immer drei Karten gehören zusammen.

❖ Du kannst die Bilder auch ausmalen.
❖ Malt selbst noch weitere Memory-Kärtchen!

Kreative Unterrichtsgestaltung in der Grundschule!

Ursula Lassert

Bergedorfer Grundschulpraxis Englisch

40 vollständige Unterrichtssequenzen für die 3. und 4. Klasse. Für jedes Halbjahr!

- → Lehrerseiten mit den Themen, allen benötigten Materialien, dem verwendeten Wortmaterial und dem kompletten Stundenablauf.
- → Arbeitsblätter zum Kennenlernen und Einüben der Vokabeln, zum Malen, Basteln, Rätseln, Nummerieren und Schreiben.
- → Kopiervorlagen mit Gedichten/den Noten und Texten der Lieder, Bild- und Wortkarten sowie Würfelspielen, Dominos, Memorys u. v. m.
- → Foliensätze und CDs, die das Komplett-Paket für den Englischunterricht in der Grundschule abrunden.
- → Spielerische, handlungsorientierte Aufgaben, die für Spaß, hohe Motivation und einen gesicherten Vokabelschatz in der Klasse sorgen.
- → Täglich wiederkehrende Aktivitäten (Rituale), die helfen, eine entspannte Atmosphäre zu schaffen.
- → Spiralförmige Lernangebote: Die Themen werden immer wiedeer in neuen Zusammenhängen aufgegriffen und Neues wird mit bereits Gelerntem verknüpft. Dies trägt zu einem gesicherten Spracherwerb bei – auch bei schwächeren Schülerinnen und Schülern.

3. Klasse	**3. Klasse**	**4. Klasse**	**4. Klasse**
Band 1 Buch, 136 Seiten, DIN A4 3. Schuljahr Best.-Nr. 3954	**Band 2** Buch, 156 Seiten, DIN A4 3. Schuljahr Best.-Nr. 3955	**Band 1** Buch, 148 Seiten, DIN A4 4. Schuljahr Best.-Nr. 3956	**Band 2** Buch, 144 Seiten, DIN A4 4. Schuljahr Best.-Nr. 3957
Foliensatz 1 10 Farbfolien, DIN A4 3. Schuljahr Best.-Nr. 3985	**Foliensatz 2** 16 Farbfolien, DIN A4 3. Schuljahr Best.-Nr. 3986	**Foliensatz 3** 16 Farbfolien, DIN A4 4. Schuljahr Best.-Nr. 3987	**Foliensatz 4** 14 Farbfolien, DIN A4 4. Schuljahr Best.-Nr. 3988
CD mit Liedern und Reimen 3. Schuljahr Best.-Nr. 3989		**CD mit Liedern und Reimen** 4. Schuljahr Best.-Nr. 3990	

Mona Dechant, Karl-Walter Kohrs, Joachim Weyers

Bergedorfer Grundschulpraxis Sachunterricht

Aktiv lernen durch Forschen und Entdecken!

- → Aktives Arbeiten mit Spaß: Individuelle Lern- und Lösungswege werden erprobt.
- → Experimente – ein wichtiger Teil: Versuchsbeschreibungen, die als Karteikarten angelegt sind, regen zum Experimentieren und Entdecken an.
- → Betrachtung eines Themas aus verschiedenen Perspektiven: Vernetztes Lernen in Lernfeldern ist ein vorrangiges Ziel der Sequenzen.
- → Individualisierung und Differenzierung: Die vielfältige und nach Schwierigkeitsgraden abgestufte Aufbereitung der Materialien ermöglicht das Eingehen auf individuelle Interessen und Bedürfnisse.
- → Wichtiges Basiswissen: Der Erwerb tragfähiger fachlicher wie methodischer Grundlagen ist ein zentrales Anliegen.
- → Komplett-Angebote für Ihren Unterricht: Vom Einstieg über Aufgaben zum Sachthema, Experimente und Zusammenfassungen bis hin zu Testseiten.

Natur und Leben Buch, 172 Seiten, DIN A4 1./2. Klasse Best.-Nr. 3940	**Raum und Umwelt** Buch, 104 Seiten, DIN A4 1./2. Klasse Best.-Nr. 3942	**Natur und Leben** Buch, 220 Seiten, DIN A4 3./4. Klasse Best.-Nr. 3945	**Raum und Umwelt** Buch, 120 Seiten, DIN A4 3./4. Klasse Best.-Nr. 3947
Technik und Arbeitswelt Buch, 104 Seiten, DIN A4 1./2. Klasse Best.-Nr. 3941	**Mensch und Gemeinschaft** Buch, 88 Seiten, DIN A4 1./2. Klasse Best.-Nr. 3943	**Technik und Arbeitswelt** Buch, 128 Seiten, DIN A4 3./4. Klasse Best.-Nr. 3946	**Mensch und Gemeinschaft** Buch, 120 Seiten, DIN A4 3./4. Klasse Best.-Nr. 3948
Zeit und Kultur Buch, ca. 100 Seiten, DIN A4 1./2. Klasse Best.-Nr. 3944		**Zeit und Kultur** Buch, ca. 100 Seiten, DIN A4 3./4. Klasse Best.-Nr. 3949	

Beate Büngers, Felix Busch, Anke Matuschewski, Diane Rips, Silke Weber

Bergedorfer Grundschulpraxis Sport

Mit wenig Vorbereitungsaufwand fantasievoll und erlebnisorientiert Sport unterrichten!

- → Dazu finden Sie themengeleitete Sportstunden mit originellen Spielideen, effektiven Übungen und zahlreichen Kartei-Angeboten für Stationentrainings.
- → Besonders hilfreich: die „handfeste Herangehensweise an die neuen Bereiche „Ringen und Kämpfen", „Gleiten, Fahren und Rollen" oder „Den Körper entdecken".
- → Mit den detaillierten Hilfestellungen und Anregungen zum Umgang mit Nichtschwimmern.
- → Die Begleit-CDs enthalten alle Lieder und Stücke für den Bereich Gymnastik/Tanz, aber auch Musik zum schnellen oder ausdauernden Laufen, Zirkusmusik, Entspannungsmusik und Geräusche zum Einstieg in Fantasiesituationen.

Band 1 **Buch,** 140 Seiten, DIN A4 1./2. Schuljahr Best.-Nr. 3918	**Band 2** **Buch,** 160 Seiten, DIN A4 3./4. Schuljahr Best.-Nr. 3919	**Begleit-CD** 1./2. Schuljahr Best.-Nr. 3922
Band 1 **Buch,** 120 Seiten, DIN A4 3./4. Schuljahr Best.-Nr. 3920	**Band 2** **Buch,** 186 Seiten, DIN A4 3./4. Schuljahr Best.-Nr. 3921	**Begleit-CD** 3./4. Schuljahr Best.-Nr. 3923